传世励志经

治学的霸主
傅斯年

陈 雪 编著

中华工商联合出版社

图书在版编目（CIP）数据

治学的霸主：傅斯年／陈雪编著．--北京：中华
工商联合出版社，2015.6
ISBN 978-7-5158-1287-8

Ⅰ．①治… Ⅱ．①陈… Ⅲ．①傅（1896～1950）
—传记 Ⅳ．①K825.46

中国版本图书馆 CIP 数据核字（2015）第 086508 号

治学的霸主
——傅斯年

作 者：	陈 雪
出 品 人：	徐 潜
策划编辑：	魏鸿鸣
责任编辑：	林 立
封面设计：	周 源
营销总监：	曹 庆
营销推广：	王 静 万春生
责任审读：	郭敬梅
责任印制：	迈致红
出版发行：	中华工商联合出版社有限责任公司
印 刷：	天津旭丰源印刷有限公司
版 次：	2015 年 6 月第 1 版
印 次：	2023 年 4 月第 4 次印刷
开 本：	710mm×1020mm 1/16
字 数：	200 千字
印 张：	15.5
书 号：	ISBN 978-7-5158-1287-8
定 价：	59.80元

服务热线：010－58301130
销售热线：010－58302813
地址邮编：北京市西城区西环广场 A 座
19－20 层，100044
http://www.chgslcbs.cn
E-mail：cicap1202@sina.com（营销中心）
E-mail：gslzbs@sina.com（总编室）

序

　　为了给《传世励志经典》写几句话，我翻阅了手边几种常见的古今中外圣贤大师关于人生的书，大致统计了一下，励志类的比例，确为首屈一指。其实古往今来，所有的成功者，他们的人生和他们所激赏的人生，不外是：有志者，事竟成。

　　励志是动宾结构的词，励是磨砺，志是志向，放在一起就是磨砺志向。所以说，励志不是简单的立志，是要像把刀放在石头上磨才能锋利一样，这个磨砺，也不是轻而易举地摩擦一下，而是要下力气的，对刀来说，不仅要把自身的锈磨掉，还要把多余的部分都要毫不留情地磨掉，这简直是一场磨难。所有绚丽的人生都是用艰难磨砺成的，砥砺生命放光华。可见，励志至少有三层意思：

　　一是立志。国人都崇拜的一本书叫《易经》，那里面有一句话说："天行健，君子以自强不息。"这是一种天人合一的理念，它揭示了自然界和人类发展演化的基本规律，所以一切圣贤伟人无不遵循此道。当然，这里还有一个立什么样的志的问题，孔子说：士不可以不弘毅，任重而道远。古往今来，凡志士仁人立的都是天下家国之志。李白说：大丈夫必有四方之志，白居易有诗曰：丈夫贵兼济，岂独善一身，讲的都是这个道理。

二是励志。有了志向不一定就能成事，《礼记》里说：玉不琢，不成器。因为从理想到现实还有很大的距离。志向须在现实的困境中反复历练，不断考验才能变得坚韧弘毅，才能一步一个脚印地逐步实现。所以拿破仑说：真正之才智乃刚毅之志向。孟子则把天将降大任于斯人描述得如此艰难困苦。我们看看历代圣贤，从世界三大宗教的创始人耶稣、穆罕默德、释迦牟尼到孔夫子、司马迁、孙中山，直至各行各业的精英，哪一个不是历经磨难终成大业，哪一个不是砥砺生命放射出人生的光芒。

三是守志。无论立志还是励志都不是一朝一夕、一蹴而就的，它贯穿了人的一生，无论生命之火是绚丽还是暗淡，都将到它熄灭的最后一刻。所以真正的有志者，一方面存矢志不渝之德，另一方面有不为穷变节、不为贱易志之气。像孟子说的那样：富贵不能淫、贫贱不能移、威武不能屈。明代有位首辅大臣叫刘吉，他说过：有志者立长志，无志者常立志，这话是很有道理的。

话说回来，励志并非粘贴在生命上的标签，而是融汇于人生中一点一滴的气蕴，最后成长为人的格调和气质，成就人生的梦想。不管你做哪一行，有志不论年少，无志空活百年。

这套《传世励志经典》共收辑了100部图书，包括传记、文集、选辑。为励志者满足心灵的渴望，有的像心灵鸡汤，营养而鲜美；有的就是萝卜白菜或粗茶淡饭，却是生命之必需。无论直接或间接，先贤们的追求和感悟，一定会给我们带来生命的惊喜。

徐　潜

前　言

　　说起中国近代史上著名的史学家，不得不提的一个人便是傅斯年；说起中国近代史上著名的教育家，不得不提的一个人也是傅斯年。傅斯年，一个出生于鲁西小城的传奇人物。世人对他的评价褒贬不一，有些人认为他坚持己见，目标坚定；有些人认为他固执暴躁，不通情理；有些人对他所做过的事情持赞成态度；有些人又针对他的一些思想发出了不同的声音。

　　无论世人如何看待傅斯年其人，不可否认的是，他在新文化运动中起的带头作用，是当时青年学生中的模范；他为中国历史研究的发展提供了强大助力；对北京大学的教学改革和校风建设起到了不可磨灭的推动作用；为台湾大学打下了良好的教学基础，树立了正确的思想道德观念和校园制度。

　　本书以傅斯年的童年为端，记录了他在少年时期、青年时期受到的教育和影响，讲述了他在外出留学时接受到了哪些对他一生影响至深的思想，更谈及他青年时期的一些卓越表现和出国留学时的经历，以及学成回国之后的所行所思。

傅斯年少年时期学习儒家文化，之后接触新文化，成年后出国留学，接受了西方思想教育。可以说，在他的头脑中，汇聚了多种思想观念，这也使他这个人成了一个既注重传统，又接受先进的人。无论传统的还是先进的，在接受知识和思想时，傅斯年都能从客观角度去判断知识和思想的正确性，这都促使了他在后来的工作中能不断创造新的奇迹和价值。

傅斯年一生之中成就甚多，其主要成就在于创办了史语所；其后，他提出了"史学便是史料学"的口号，并促进了考古研究的发展；他带领团队发掘殷墟，发现了大量珍贵的文物；他带领团队整理明清档案，编辑成重要的史料。

政治运动方面，在五四运动中，傅斯年担任总指挥，组织爱国学生游行抗议政府的不抵抗行为，当时，他的领导才能和爱国之心就已充分展现出来。

抗战时期，他提出了"书生报国"的口号，得到了众多爱国学者的响应；他写出了许多号召全国人民共同抗日的文章，呼吁大家一起讨伐侵略者和汉奸，唤醒了许多沉睡的人，也让他名动一时，并流传于世。

作为一名通晓古今和中西方文化知识的学者，傅斯年还有着将知识广泛传播的伟大理想。他在担任中山大学教授、北京大学校长和台湾大学校长的过程中，不但将大量先进的知识传播给了学生们，也一并将积极健康的思想和爱国思想加以传播。他注重培养有才华的年轻人，给他们提供最好的条件，让他们无后顾之忧，安心学习，加强自身的学术能力，以便将来报效祖国。

从学术方面看，傅斯年是一位值得人们尊敬的学者，他博学，刻苦，专注；从为人方面看，他是一位正义之士，他爱国，勇敢，真实；从教学方面看，他是一位良师益友，他爱生活，无私，勤奋……无论从哪一方面看，傅斯年其人都极有质感，他的身上有太多闪光点值得后人去思考、去学习。

目 录

第一章　悠悠往事，尽在聊城

1. 鲁西古城，文化之乡

常言道，临水而居之城注定富饶繁茂。聊城，一座坐落于山东省西部的城市。古时，这里有一条河名为"聊河"，聊城也因此河而得名。如今，聊城所在的位置是黄河与京杭大运河的交汇处。一如所有与河流相邻的城市一般，丰富的水资源为这里提供了良好的生存环境，也促进了这一地区物产的丰饶，令聊城成了一座既令人赏心悦目又让人生活安稳的城市，故此它又被赋予了两个新的称号——"中国江北水城"和"中国北方的威尼斯"。

古往今来，聊城一直在华北平原一带占有重要的位置，它是这一地带的经济发展重地。战国时期，齐国和燕国曾在此地进行过战役；明代中期以后，私塾遍地，书院林立，文人骚客聚集于此；明清时期，这里成了山东西部三大商埠之一，不但在东昌古城附近开设了四条繁华的商业街，还在东关古运河的西岸建立了一座山陕会馆。

提起山陕会馆，许多人都会不由得发出赞叹之声。这是一座充满艺术气息的会馆，在清朝，它主要作为山西和陕西两省的商贾聚会交流和祭祀神明之地。如今，它因自身独特的建筑风格和结构，被列为国家重点保护文物之一。

聊城有8座龙山文化城，这些文化城至今已有六七千年的历史。其中位于阳谷县的景阳冈龙山文化遗址是最大的一座；清代誉满海内的全国四大私人藏书楼之一的"海源阁"，也坐落在聊城。

聊城气候宜人，阳光充足，降水适中，非常适合人们旅游休闲。早在古时，就有许多文人被这里秀美的风景和灵气所吸引，前来寻找创作灵感。现在的聊城，已经成了一座以旅游闻名的城市，吸引众多游客的，不单单是它的秀丽风景、绝美建筑、繁华商业，还有这里浓郁的文化气息。从明代中期起，这里就已经成了一个文化发展地。在之后的岁月里，此处渐成鲁西"八股文化"的中心。著名的历史学家、学术领导人傅斯年，便生于此。

肥沃的土壤能孕育出饱满的果实，适宜的环境亦能孕育出优秀的人才。从聊城这片土地上走出的历史名人不在少数，正如《聊城县志》中记载的："士多才俊，文风为诸邑冠，武风小极一时之盛。"

在与聊城有关的历史文化名人中，最著名的莫过于孔子。

孔子并不出生于此，但城中却有许多与他相关的建筑，除各县区的文庙外，还有一些孔子曾经生活过的地方和其曾经进行授课之处。据说，孔子周游列国期间曾多次来到聊城，每次都会光临莘县城东关外的东鲁店。

一次，孔子应赵简子传召，从卫国前往晋国，却在途中听闻赵简子妄杀忠臣窦鸣犊，心生失望，于是折返回去。人们听说这件事后，在孔子折返的渡口处立了一块碑，上书"孔子回辕处"，并将这一事件的整个过程也刻在碑上，后人还为孔子建了一座庙，庙中供奉着乘车的孔子。只可惜后来黄河改道，庙和碑都拆毁了，但这件事却仍然在这一地区广泛流传着。

孔子生于山东，他所倡导的儒学在山东省境内自然传播和发扬得最快。加之他曾多次到访聊城，在聊城授课，他的弟子们也时常在聊城进行儒家学说的宣传和演讲，久而久之，聊城内外形成了浓厚的儒学氛围。聊城也成了当时最为崇尚儒学的城市之一。

儒学是由孔子创办的儒家学说，起初是孔子用来教育弟子们的一些道德准则。渐渐地，一种以儒家思想为指导的文化应运而生，即儒家文化。儒家文化的核心是"仁"，包括"仁者爱人"，"克己得礼为仁"和"行恭宽信敏惠于天下为仁"。儒家文化倡导人们，所有人都有可爱之处，要爱所有人，将自己喜欢的与别人分享，不将自己不喜欢的强加于人。

儒家文化提倡人们要长幼有序，尊重长辈，孝敬父母。为人处世要依礼而行，要对人宽容。儒家文化的中心思想是"孝、弟、忠、信、礼、义、廉、耻"，这些都对中国文化产生了极其深远的影响，并且直到现在，仍是中国传统文化中较为重要的一部分。

儒学的盛行，令聊城成为一座重视传统文化和教育的城市。古时，这里的民风淳朴，成年人每天日出而作，日落而息，孩子们自小学习四书五经，并且都很热爱，知书懂礼。《聊城县志》中对当时的情况是这样描写的："其人朴愿而茂，虽循习故事，惮于兴革，然无有桀黠渔食，持长吏长短者。租赋不待督，辄先期报竣，最称易治。"

　　一方水土养育一方人，在这样一座文化氛围浓厚的城市里，涌现出众多名人自然不足称奇。武有程昱、岳飞、程咬金等英雄名将，文有《七步诗》的作者曹植、"山左文学之冠"之称的于慎行、四大私人藏书楼之一"海源阁"的主人杨以增、被誉为"千古奇丐"的平民教育家武训、清朝名相傅以渐等。

　　科举制度盛行的时期，聊城有不少人都中了举人，还有两人最后考取了状元，傅以渐便是其中之一，他是清朝建立科举制度后首位考取状元的人，在当时名声远扬；另一名叫邓钟岳，也是聊城八大家族中的代表人物。

　　在古代所有行业的排名中，为官一直排在首位，家中有人在朝廷为官的人家，总能在当地拥有更高的地位，令旁人羡慕不已，若是某家能世代为官，其地位和身份就更不寻常。在聊城也是如此。

　　清朝年间，聊城有八大世家，都是中国古代典型的官宦世家，其中"任、邓、朱、傅"四家最具代表性，每家都有代表人物。傅以渐和邓钟岳，分别是傅家和邓家的代表，任家的代表是任克溥，朱家的代表是朱延禧。

　　任家发迹于清朝初期，代表人物任克溥曾在顺治年间考取进士，一路攀升，任刑部侍郎时，为人正直，敢言别人不敢言之事，对待贪官恶行毫不留情，并提出为官应清廉、不应奢侈。任克溥于1679年落职回家，后又在1699年官复原职。1703年，康熙升赐他尚书的头衔，并亲为他的园子赐匾额，上书"绿水本无忧因风绉面，青山原不老为雪白头"。任克溥身故后，家中又出了几个举人，其中几人入朝为官。

　　邓家祖上并非聊城本地人，而是江西建昌府南城人。明朝成化六年，邓家祖先被调入聊城东昌，担任掌印指挥使一职后，便再没有回过老家，之后，邓家便世代守护东昌，总共经历了八代人，长达 174 年之久。虽然他们祖籍仍在江西，但聊城人已经将他们视为自己人，并且非常感谢他们这么多年对聊城的守护。

到了清朝康熙年间，邓钟岳考取了状元，担任内阁学士、礼部左侍郎，自此时起，邓家才入了聊城的籍贯，真正地成为聊城的名门望族之一。在这之后，邓家世代为官，并不断涌现出多位进士和举人，有些从文，有些从武，他们使邓家在聊城的地位越来越突出。

朱家位于东昌府区，是山东西部的名门望族。自明代起，朱家人才辈出，有在明崇祯年间考中进士的朱鼎延，有在雍正年间担任过清代翰林院编修的朱续晫，其中最具名望的，是曾担任礼部尚书的朱延禧。朱延禧史称"朱相国"，世人尊称他"朱阁老"，而他自己则在晚年自号为"遁斋老人"，表示自己注重修身养性，不愿与当时污浊的政府为伍的心情。

朱延禧自幼聪慧，是城乡闻名的少年才子，考取进士后，因才华出众，一度受到朝廷重用，被当时的皇帝称为"讲官第一"。可惜天启五年，他被大宦官魏忠贤陷害，被贬为民，于是他回到家乡，隐居在老宅中，不再过问政事。

聊城的八大家族都注重传统文化，重视礼仪，他们视教育为生存的根本，所以对聊城的教育事业格外重视。他们不但制定了各种规则，也处处以身作则，将儒家传统文化在聊城一天天发扬光大。在他们身上，没有高高在上的架子，没有飞扬跋扈的气焰，这令他们很受当地居民的爱戴。想必正是如此，儒家文化才能渗入聊城每个人的生活中，融入每个人的血液，一代一代传承下来。

2. 聊城傅家，声名赫赫

家族的兴盛，在于祖上的修为。聊城八大家之一的傅家在历史上赫赫有名，这一切都要归功于傅斯年的七世祖傅以渐。傅斯年成年后几乎不曾向人提起他这位德高望重的七世祖，但不可否认，傅家正是因他的这位七世祖而走向兴盛。

傅家的祖籍原在江西吉安府永丰县。明朝年间，傅家的远祖傅回祖被派到山东东昌府下属的县城为官，任期满后，他的夫人不愿与他一同回江西，他便遂了夫人心意，并安排三个儿子留下，与夫人为伴。三个儿子中，有一个名叫傅祥，心思敏锐，他定居聊城后，见当地经济日益发达，便萌生出经商的念头，后通过经商维持傅家生计。

傅以渐是傅祥的后代，他出生时，傅家已濒临衰败，家中颇为清贫。虽家道中落，傅家人从未放弃过对子女的教育，这或许与傅家本是官宦家庭，所有子孙都自小习举子之业不无关联。让子孙受到最好的教育，是傅家的一个传统。

从傅祥开始，傅家人养成了对子女进行"口授章句"的习惯，故而傅以渐自小便受到了良好的教育，再加上他天资聪颖、才智过人，对看过的章句几乎能过目不忘，所以进入私塾后，他很快就成为老师的得意门生，也成了许多同学心中的小偶像。所有人都认为，他长大后必然能走上仕途，入朝为官，然傅以渐成年之后，明朝正值末年，宦官当道，世道黑暗，他的满腹才华不得施展，令人遗憾。

清兵入关第二年，清政府求才若渴，为了招纳人才而恢复了科举制度。这一年，傅以渐参加了乡试，考中举人，全家上下皆欢。次年春，傅以渐进京赶考，中了贡士，又在殿试中表现出众，成为清朝第一位考中状元的人，并入内宏文院，从事史册的修撰工作。自此，傅家真正成了聊城的名门望族。

傅以渐入朝后，深受顺治皇帝的赏识和器重，几次被升职加官，先后封他为内秘书院大学士、太子太保、国史院大学士、武英殿大学士，最高至兵部尚书即当朝宰相。不仅如此，顺治还给傅以渐的几位先人加封了官位，这对傅家人来说是无上的荣誉。傅家后人也不负所望，不断有人考取功名，入朝或外出为官，故称傅家为书香世家绝非妄言。

顺治对傅以渐的器重主要表现在：每逢机务大政时，都会将傅以渐传唤至宫，与他细细磋商，傅以渐也不辜皇恩，每次都能提出好点子，深得顺治心意。傅以渐不但受到皇帝的器重，在朝廷众臣中亦德高望重。据史料记载，顺治当年将傅以渐提为兵部尚书属于破格提拔，然而此意一出，朝廷上下竟然没有一人反对，众人皆极力赞成，认为由傅以渐担任此职可谓"选择得当，用人适时"，这在清朝实属罕见。

1658年，傅以渐因病回家疗养，谁知一年之后病情仍不见好转，他便主动向顺治请辞，想要告老还乡。顺治听过之后，下旨允许他安心在家调理，等身体痊愈后再回京，至于请辞的事，则不予以批准。

又过了一年，傅以渐再次请辞，可顺治仍然不许。1661年，顺治驾崩，傅以渐心痛不已，赴京奔丧。丧礼结束后，他再次以病告辞，回到聊城，并于康熙即位后第三次上书请辞，康熙考虑到傅以渐年事已高，身体欠佳，方才予以批准。

傅以渐为官清廉，对百姓的疾苦感同身受，视百姓之疾苦为自己之疾苦，凡有利于百姓的事，他都极力向上谏言，这使他深受百姓爱戴。在聊城安养晚年的日子里，傅以渐也没有无视百姓疾苦。在聊城当地流传着一个有关"傅以渐巧惩镖师"的故事，讲的就是傅以渐告老还乡后，在当地惩恶扬善的事。

傅以渐因下棋与一名为赵良堂的人有半面之缘。他在慧明法师口中得知，赵良堂一年前曾在运货途中遇到运送皇纲的镖师刘显丕，被对方撞毁了船，损失了全部货物，帮他运货的人也有伤亡，不得已赵良堂只能靠拾粪换钱度日。听闻刘显丕仗着自己运送皇纲，总是横行霸道，傅以渐闻之心中大怒，决意惩治一下这个跋扈的镖师。

傅以渐修书给东昌知府，命人下闸拦下刘显丕的船。得到船已被拦下的信号后，他便命家中的佣人在庭院里洒下清水，撒满草灰，自己则在顺治为他画的骑驴图上写下"阁老骑驴，皇帝拎缰，天子赶脚，悠哉悠哉"十六个字。之后，他命侍从把这骑驴图挂到了门口。

刘显丕气冲冲地找到傅以渐府上时还不知里面住的是谁，当他看到这骑驴图时，顿时气焰全无，急忙进院请罪。面对刘显丕的请罪，傅以渐阴沉着脸，"哼"了一声问："镖夫，给老夫有何安可请？"未及对方请罪话落，便又打断他说："狗儿有眼有珠，只是肺烂心黑！速取老夫人头吧！"刘显丕吓得连连求饶，磕头磕得像吃米的鸡，傅以渐见状，从太师椅上起身道："狂吠狗儿，别脏了我的耳朵，给老夫四肢触地滚出去！"

刘显丕立刻照做，走出傅府时，他的红袍马褂上已经沾满了草灰，颜面尽失。刘显丕找到知府，询问傅以渐为何会突然拦住自己，在知府的暗示下，他才明白起因在于自己撞毁了赵良堂的货船。于是他急忙带上五百两银子和昂贵的布匹去向赵良堂赔罪。傅以渐惩治了刘显丕一事，很快在聊城流传开，成为聊城人一提便拍手称快之事。

傅继勋是傅以渐的孙子、傅斯年的曾祖父，他曾担任过安徽布政使。布政使又称"承宣布政使司"，官居二品，专门管理一省的财政和人事。傅继勋还曾是李鸿章和丁宝桢的老师，学识自然不需多疑。傅继勋的七个儿子中，有一名为傅淦，是傅斯年的祖父。

傅淦是一个文武双全的才子，年少便负有才名。当时，许多人都很羡慕傅家出了这样一位才子，想着若是他入京赶考，定能高中，之后入朝为官，光耀傅家门楣。可傅淦虽才华出众，饱读诗书，却一向淡泊名利，对考取功名毫无兴趣。同治十二年，他取得了贡生资格后，便不再参加科举考试，过起了清闲的日子。想来，傅斯年那种拒不为官从政的性格，大抵是从他这位祖父那里遗传过来的。

傅淦书生气十足，只懂忠孝礼义，乐善好施，却对金钱没什么概念，不懂经营和理家。年轻时，由于家境优越，不需要他操心，于是他一有空就四处游览，遇到贫困落难之人，不分三六九等，一概施予援手。

傅淦不重物质而重精神，分家时，只要了家中的一所马厩，将其他宅所都留给了他的六个兄弟。之后，便完全依靠分家时所得到的一些钱财生活。起初，他从没想到自己今后的日子要如何度过，花钱也没有计划，钱越花越少时，都没有意识到谋生之事。

时光流逝，三个儿子的出生令家里的经济情况越来越糟，傅淦不得不出去寻些差事，挣钱养家。有这样一句俗话，叫"百无一用是书生"。傅淦虽满腹诗书，但这些才华除了考取功名入朝为官，并没有其他用武之地。当他决定出外谋职时，才发现除了当私塾先生，自己身外无技。

私塾先生的薪水不高，远远不足以养活一家人，傅淦便用闲下来的时间写字作画，而后售卖贴补家用。傅淦在书法上极有造诣，只是在当时，他并非名人，字画也卖不上价钱。日子实在捉襟见肘时，他只得典当夫人的嫁妆。傅淦的夫人是江西巡抚的女儿，嫁入傅家时带了丰厚的嫁妆，然再丰厚的嫁妆也有用尽的一天，斗转星移，傅家还是陷入了窘境。

傅淦身上有着浓重的书生气，这书生气不仅是书卷气，更是一种文人的清高脾气。一次，李鸿章因为不想恩师的儿子过得太困窘，便写信给傅淦，表示只要傅淦肯到天津，他就能为傅淦安排一个职务。傅淦接到信后考虑了许久，深知李鸿章是好意，又想到家中经济拮据，于是勉强同意。

当时，李鸿章任职直隶总督，事务繁忙，傅淦刚到达天津后，李鸿章便被派以紧急公务，不得不简单安排傅淦去安徽会馆休息一晚，并告诉傅淦自己第二天去找他，与他细谈工作的事。傅淦见李鸿章话都没说两句便离开，误以为李鸿章找他只是看在父亲的面子上，并未真心想要伸出援手，文人脾气顿时直冲脑门，遂打道回府了。

清朝末年，傅淦外出遇到一位身染重病的宦官，对方听闻傅淦懂医术，愿意出高价请傅淦看病，可傅淦却因痛恨当时宦官干政导致政治黑暗，拒不肯救治。直到看到对方的同伴在地上长跪不起，他才勉强答应。然而诊治过后，他没有接受对方的诊金，还将对方留给他的银两扔出了门外。

早有傅以渐为惩镖师拦皇纲，后有傅淦不屑为宦官诊治，可见，傅家这种不恃权贵、清高的文人脾气也是祖传的了，难怪傅斯年能在日后做出"炮轰"腐败官员的事情来。

3. 家父早逝，祖孙情深

都说隔辈亲，祖孙心连心。傅淦渐渐老了，不便外出教书，便整日留在家中，偶尔出门走动，却也不再游历四方。书画倒是没有扔下，破落的老宅中挂着不少成品，让这间老宅也颇具书香氛围。

傅家老宅挂有两块金字匾额，分别写着"相府"和"状元及第"，象征着傅家曾在聊城的显赫身份。皇上御笔亲赐给傅以渐的"圣朝元老"的匾额挂在二重门上，足以见得当年皇帝对傅以渐有多么器重。无论是三块金字匾额，还是门框上刻着的"传胪姓名无双士，开代文章第一家"的对联，都凸显了傅家书香门第的特点。

老宅中值钱的东西都被典当得差不多了，除了一座祖上传下来的英国造座钟，那是傅斯年的祖爷爷傅山在一家专卖洋货的店里买来的。此外，老宅中还有许多珍贵的善本，这些都是傅淦的宝贝，无论经济多么窘困，他都不会将这些书卖掉。

1896 年，傅斯年出生，作为傅家的长子长孙，他的降临令傅淦异常欢喜。对于傅淦而言，初为人父时，由于家道中落，没来得及感受欣喜便忙于生计，如今，孩子们都长大了，自己也是时候享受含饴弄孙之乐了。从此，傅斯年成了傅淦生活的全部。

傅淦每天早起的第一件事，便是来到傅斯年床边，看看这个胖嘟嘟的大孙子。等到傅斯年能听懂人言，学会了说话，傅淦便以照顾傅斯年的生活和教育傅斯年为乐。

老宅中最多的东西是书，傅淦的房间里有一大排书柜，上面密密麻麻摆满了各种书籍，有成册的诗词，有国学书籍，还有不少儒家经典著作。傅斯年一出生就处于这样的环境里，整日接受文化熏陶，也就不难理解他后日的龙跃凤鸣了。

傅斯年3岁左右，傅淦开始教他识字，为他传授蒙学基础。傅斯年4岁时，他的父亲傅旭安外出教书，傅淦便将傅斯年接到自己的房间，与自己同床共寝，教他识字读书。

傅斯年每天早上一醒来，就能听到祖父为他讲的历史故事，这样的生活环境为他打下了坚实的历史知识基础。李裕桓在《聂湘溪谈傅斯年》一文中提到，这样的生活持续了4年，等到傅斯年8岁时，傅淦已经给他讲完了整部二十四史中所有的故事。

傅斯年4岁多便被傅淦送入了城中最好的私塾馆，开始接受教育。这间私塾馆距离傅家不远，上学比较方便，且有很优秀的私塾先生，傅斯年的先生孙达宸一生培养了许多优秀的学生，其中有40多人考中了秀才及以上的功名。孙达宸很严厉，他定下一个规矩，背不好书的学生要被打板子，为此，很多学生一看到他就格外紧张。

傅斯年继承了祖上的聪慧及过目不忘的本领，进入孙达宸的私塾后，从来没有因为背书挨过板子，其他学生十分羡慕。从《三字经》到四书，再到五经，傅斯年一本又一本地学习着、背诵着，虽然还不太明白其中的含义，但也被书中的内容深深地吸引住了。傅淦看到傅斯年如此好学，内心十分欣慰，觉得他不愧是傅家子孙，潜质过人。

孙家的私塾馆虽有知名的先生，环境却不够好，特别到了冬天，私塾馆里寒气刺骨，傅家又没有多余的钱为傅斯年准备取暖的手炉，他只能靠不停地搓手来抵御寒冷。每次回家，看到傅斯年冻得又红又肿的小手，傅淦都不由万分心痛。

不久之后，聊城朱家在家中办了私塾，并聘请了私塾先生，傅淦便让傅斯年转入朱家的私塾馆继续学习。朱家与傅家同属"聊城八大世家"，且颇有交情，对傅斯年也自然多一些照顾。如此，傅斯年终于不必在寒冷的环境中奋发了。

傅家是书香门第，傅家的每一位成员都谨遵祖辈的教诲，自小从文，并注重对子女的文化培育。由于自小在家中受到了蒙学教育，私塾的课程对傅斯年来说并无太大难度，在他脸上从来看不到其他孩子那种痛苦的表情，但他还是虚心受教，认真听讲，并在放学之后回到家中仔细做功课，复习当天学到的知识。傅淦看在眼中，喜在心里。

除了文化上的熏染，傅淦的性格也对傅斯年产生了极大影响。

从傅淦向傅斯年讲述历史故事开始，傅斯年便感受到了祖父心中那份浓浓的民族情怀，以及对黑暗势力的痛恨和排斥。小小年纪，还不能完全体会祖父的那种感情，还不能完全洞悉祖父言语中的愤怒，但他却记住了那些令祖父痛恨的人和事。同样的情感在他幼小的心灵内埋下了种子，以至于他在成年后也时常心存侠义，远离政治，品性高洁，淡泊名利。

成年后的傅斯年曾对他的弟弟说："祖父生前所教我兄弟的，尽是忠孝节义，从未灌输丝毫不洁不正的思想。"傅斯年记得，儿时祖父曾向他讲过，做人不但要心眼好，还要讲仁德，当听到他表示要做一个正直的人时，祖父的眼中满是赞赏和喜悦。

在傅斯年的记忆中，祖父时常身穿马褂，头戴瓜皮帽，一副老学究的模样。傅淦在给傅斯年讲述历史人物及故事时，无意中将自己的感情融入其中，这对幼年的傅斯年产生了潜移默化的影响。傅淦讲的那些民族故事让傅斯年从小就具有了民族意识，以致他不喜欢对人提起他那位宰相祖公傅以渐，只因傅以渐身为汉人，却参加清朝的科举考试，并入朝为官，有损汉人的民族气节。

傅淦安贫乐道的心态遗传给了他的长子傅旭安，傅旭安也生性淡泊名利，不爱为官。为了养家，傅旭安在傅淦的建议下去了书院当教书先生。傅旭安去的书院是东平县的龙山书院，那里环境优美，空气清新，的确是一个学习的好地方，只可惜地处偏僻，离家较远，交通多有不便，傅旭安一年难得回家几次，很少有时间陪在妻子和孩子身边。后来，由于傅旭安知识渊博，授课生动，得到了重用，被任命为龙山书院院长，可惜好景不长，傅旭安因病早逝。

幼年丧父是一件残忍之事，但也许是相处的时间太少，父亲的离开并没有给傅斯年的心中留下什么阴影。何况祖父一直陪伴在他的身边，言传身教，故而他并不孤独。而对于傅淦来说，这种伤痛则难以抚平。

世上父母最痛心之事，莫过于白发人送黑发人。长子的病逝令傅淦心痛不已，唯一的安慰即是身边的傅斯年。傅斯年一天天长大，变得更加懂事明理，祖孙二人相互照顾，亲情更深。

傅旭安去世后，傅淦对傅斯年更加关心，天气好又没有课时，他会带着傅斯年去郊外踏青，或沿着运河的河岸一边慢悠悠地踱步，一边娓娓道来那些经典古籍，历史故事，道德伦理。祖父的头发虽然已经花白，但每当提及学识，或谈论古今，他的眼中立刻会出现矍铄的神情。在傅斯年的心中，祖父就像一座巨大的知识宝库。他对祖父不但尊敬，而且崇拜。

在家中，对傅斯年影响最大的除了祖父，便是傅斯年的母亲李夫人。李夫人出身大户，为人亲切，贤惠端庄，虽未曾进过学堂，识字又不多，但对三纲五常等传统礼节却是知晓详尽。有此本源，嫁入傅家后的她便悉心照料公婆，相夫教子，用心持家。

傅淦和傅旭安都是为学之人，不懂盐米之贵，不会分配薪水，这些担子便全由李夫人一人承担。她细心计划每一笔开支，精打细算，虽然家境贫困，却也从未委屈过孩子和老人。城中人都知道傅家娶了一个识大体、会过日子的好媳妇。无奈巧妇难为无米之炊，当家中断了收入之后，即使她再怎么节省开支，生活也难以为继。

家中的顶梁柱倒下后，李夫人心中不由得发了愁，公婆年事已高，长子正读私塾，幼子尚在襁褓，自己不过是一名妇人，傅家以后的生活要如何是好？就在她发愁之际，傅旭安的两名学生找到她，称一些同学知道师母家的情况，凑了些银两，存在他们二人之处，以后会由他们定期向傅家提供资助，钱虽不多，却是份真挚心意。

李夫人闻之感激涕零，两名学生均表示，傅旭安生前对学生关怀备至，有情有义，这是他们唯一能为先生一家所做的事。靠着这些微薄资助，傅家得以艰难度日，实在入不敷出时，李夫人只得变卖家中的一些物品度日。

看到母亲努力地支撑着整个家，且不使自己和弟弟失学，傅斯年心中深有感触。此时的他已不是不谙世事的小孩，他明白母亲的不易，知道母亲为了让自己有一个安稳无压力的学习环境付出了多少，对母亲的敬重之心更重。他日傅斯年成年成名之后，仍视母亲的喜怒为重，一旦母亲动怒，他便二话不说跪下请罪，直至母亲怒气全消。

人都说，孩子年幼时与谁最为亲近，长大后就会与谁相似。傅斯年能成长为一个既善良，又博学的人，似乎全仰仗傅淦和李夫人。试问，在如此纯良的环境中，怎可能长出苦涩的果子来？

4. 幼年聪慧，一展"神"风

沧海桑田，世事巨变。如水般流逝的时间，推动着万事影影绰绰着。有道是乱世出英豪，天下局势之动荡，必昭示人中豪杰之光影。

太平天国起义后，清政府内部开始出现派别划分，分别是以慈禧太后为首的"守旧派"和以曾国藩、李鸿章为代表的"洋务派"。"洋务派"的成员皆为有权势的官僚，他们提倡借用西方力量维护封建统治，学习西方技术，发展对外经济。

19世纪60年代至90年代，"洋务派"发起了"洋务运动"，其内容包括开展外事交涉，与西方政府签订条约，派留学生去西方留学，购买洋枪洋炮，以及有按照"洋法"操练军队。之后，他们还建立了中国第一所新式学堂——"京师同文馆"。后来，虽然"洋务运动"失败了，新式教育却得到了发展。

1901年9月，清政府颁布"兴学诏书"："除京师已设大学堂，应行切实整顿外，各省所有书院，于省城均改设大学堂，各府及直隶州均改设中学堂，各州县均改设小学堂，并多设蒙养学堂。其教法当以四书五经、纲常大义为主，以历代史鉴及中外政治艺学为辅，务使心术纯正，文行交修，博通时务，讲求实学，庶几植基立本，成德达材，用副朕图治做人之至意。"随后，新式学堂开始在中国大地上如雨后春笋般出现。

对于大城市的人来说，建立新式学堂已经成为一件势在必行的事，进入新学堂学习也成为一件时髦的事，而对于远离京城的一些小城市的人而言，他们的思维仍停留在"参加科举，入朝为官"的阶段。虽然清政府下令将所有书院和私塾馆改作学堂，可在注重传统儒家文化的聊城学堂里，教授的东西仍是书院和私塾所教授的那一套，可谓"新壶装旧酒，换汤不换药"。

傅斯年在后来曾这样描述当时的情景："清末，一面在那里办新学，一面在那里读经，更因今文为'康梁逆党'，不得用，读经乃令与现物隔开。"

齐鲁大地出现的第一座学堂，是由济南泺源书院改成的山东高等大学堂，大学堂分为"备斋"、"正斋"和"专斋"三个等级："备斋"负责进行预备教育，学期2年，以教授中国历史为主，教授外国语言文字、历史地理等为辅；"正斋"负责进行高一级的教育，学期4年，包括政学和艺学两类学科；"专斋"负责进行高等教育，学期2～4年，共开设十门课程。

山东高等大学堂与朝廷的旨意完全相符，故而皇帝将这所大学堂作为山东省内学堂的标准模式，并要求省内所有学堂的章程都要以山东高等大学堂的章程为范本。

1902年，山东各书院开始更名。聊城县府衙也不得不将县内的书院改成中学、高等小学学堂和小学学堂，并在学堂内开展一些相对新式的教育。先是东昌府启文书院改设东昌府官立中学堂，随后，长山、惠民、嘉祥、郯城、高密、堂邑、馆陶、东平、牟平、胶县、诸城等县都陆续开设了高等小学堂。

新式的小学堂里除了传统的古文学习外，还增添了算术、写字和作文课，学生们不再需要每天只背诵"之乎者也"，他们的学习生活更加丰富。

傅斯年进入东昌府高等小学学堂之后，第一次接触到除古文之外的知识，这让他觉得十分新鲜。不过，这里毕竟还是以传统文化为主的城镇，新式教育的内容也有一定的限制。即便如此，新的学习内容还是让傅斯年兴奋了好久。

傅斯年着迷于新鲜事物，也是孩子的天性，傅淦却为此深感忧心，老学究的传统思想让他始终认为，只有学习儒家文化和思想才是正事，其他事只会让孩子荒废学业。在他的心中，儒家经典才是正道。为避免孙子走上"歪路"，傅斯年一回到家，傅淦便急忙督促他背诵古文，复习儒家经典，灌输其"学而优则仕"的传统思想。

傅淦的教育虽过于保守，却也不是没有好处，至少他为傅斯年打下了扎实的古文基础。由于傅淦让傅斯年入学的时间较早，所以从私塾到学堂，他一直都是班上年龄最小的孩子。年龄小又聪慧的他，很容易得到老师的喜爱，加之当时民风淳朴，孩子之间并无因谁学习好或得老师的宠就心生嫉妒、故意为难的情况，因而班上同学对傅斯年也只有羡慕和崇拜之情。傅斯年天性聪慧，记忆力超强，又有满腹的国学基础，入小学堂后，很快成了人们眼中的"神童"。

傅斯年是班上最聪明、最用功的学生，也是老师最喜欢的学生，但他身上从无骄傲之气。他对待每一位同学都很友好，无论谁在学习上有困难，他都会耐心为对方讲解。

傅斯年声音洪亮，思路清晰，什么难题只要被他一讲，马上就变得清晰明了。他的知识面非常广，常能在讲解一件事时旁征博引，整个过程也透出一股强大的吸引力和号召力。因此每当他为一位同学讲解时，其他同学也都会主动凑上来，将他围在中间，一脸崇敬地侧耳倾听。久而久之，同学们都将傅斯年当成班里的"小先生"，老师不在时，大家一遇难题便自然而然地向他请教。

在傅斯年所就读的东昌府高级小学学堂里，最令大家头疼的便是作文课。在这之前，他们只要把书上的文章原封不动地背诵出来便大功告成，现在却截然不同，他们必须根据老师的要求写满一整篇文章，不但要条理通顺，还要文采俱佳。

这门同学们眼中的"困难课"，却让傅斯年兴趣盎然，他的脑子里从小就存入了不可计数的各种学问，随便拿出一些来，就能完成老师的命题了。更何况，他对这些命题也有自己的理解，所以从来不担心没东西写。一些同学们见他每次都能一气呵成，且得到老师的赞许，除了羡慕外，还生出了一点"小心思"。

傅斯年生性忠厚，乐于助人，有时见其他同学绞尽脑汁，苦咬笔头半天，纸上还是空白一片，心里有些着急，便主动上前提点一二。他原本是好心，却不想一些家境富裕的同学动了歪念头，提议干脆让傅斯年替他们写，并开出一篇作文一个烧饼的价格。

烧饼本身对傅斯年并无吸引力，何况他也不是一个会为了利益帮人作弊的主儿，他肯出手助人，主要还是因为他对写作文这件事本身兴趣浓厚。他会从不同的角度去写同一个题目，写好之后完全看不出是出自一人之手，这更让同学们惊叹不已。

不过，虽然看不出几篇作文均系一人所作，老师却还是能一眼看出哪些作文是由傅斯年代笔而成的，因为班上像傅斯年这般有文采、有思路的孩子只此一人。老师知道，傅斯年并非存心，更不是为了利益而帮同学弄虚作假，故而从来没有严厉训斥他，只是稍加开导。

傅斯年确有"神童"之风，这是不可否认的，但有"小时了了，大未必佳"之鉴，若他依仗天生之才裹足不前，不肯刻苦学习、勤奋背诵，也未必会有他日的辉煌成就。

学习方面，傅斯年大行"打破砂锅问到底"之举，从来不容许自己一知半解。自开始识字起，就时刻观察身边的字，一遇到不认识的，便立刻向祖父请教。听人言时，听到不懂的句子，也会用心记下，回家问祖父言辞含义。

独自读书时，他在遇到看不懂的词和句子，又担心自己记不住时，便会用毛笔将它们抄写在纸上，以便遇到祖父或老师时拿出来向他们请教。若是身边暂时无纸张可写，他干脆卷起衣袖和裤腿，以"肉"做纸，把词句誊在胳膊和腿上。

好学之心，令人赞赏不已。只是，他这个习惯给他的母亲添了不少麻烦，虽然他尽量在墨汁干了之后再放下衣服，可还是会将墨汁沾到衣服上。在容易出汗的夏天，墨汁遇汗即化，弄得衣服大片大片的黑。他也会感到有些不好意思，可母亲每次都笑着接过他的衣服，还直夸他是用功学习的好孩子。傅斯年见母亲没有责备，便一如既往地用自己的方式学习，无谓其他人的眼光。

李夫人只是一位普通妇人，却比更多受过教育的女子都识大体、懂教育，她用自己的温柔和坚强一直支持着傅斯年，让他在学习上没有丝毫后顾之忧，不会被家境的贫困而干扰，也不会因一些小误会心存芥蒂。在学习上，她无法像傅淦一样给予傅斯年学识上的帮助，但却能以最平实、厚爱的行为，让儿子在温和之境中徐徐而上。

无忧的学习环境让傅斯年受到了最好的呵护，家人的理解和支持，让他的求学之路畅通无阻，让他能够尽情在知识的海洋里徜徉。

5. 家父之徒，投桃报李

人与人的交往在于将心比心，受人滴水之恩必当涌泉相报。傅旭安中年早逝，却教出过不少颇有成就的学生，这些学生中有人从商，有人从仕并居高官。傅旭安的病逝令无数学生痛心，学生们知道恩师家中一直不富裕,如今失去了唯一的经济来源,家里的生活一定大不如前,他们集体凑了些银两送去傅家,逢年过节,也会带着米面、衣物等去恩师家中拜访,帮师母干些体力活,也顺便照顾一下傅斯年。

傅斯年也已懂事,每次家中有客到访,都帮着母亲招待客人,端茶倒水。傅斯年谈吐大方,透着同龄孩子没有的成熟感,所有的学生见到他后,都不由得感叹他真不愧是恩师的儿子。

在傅旭安的学生中,有一名为侯延塽的学生对傅旭安的感情尤其深厚,不仅视傅旭安为恩师,更视其为兄长、恩人,对傅旭安既尊重,又感激。得知傅旭安病逝后,他心痛不已,一直希望能为恩师的家眷做些什么。

为何侯延塽对傅旭安会有如此深厚的感情?这一切要追溯到傅旭安在龙山书院教书的那些年。

傅旭安为人宽厚,又非常爱才,自己经济状况并不好,却仍经常接济家境贫困的学生。他在书院教书的那些年,院中许多学生都从他那里接受过资助。李夫人知道后,也表示支持丈夫。傅旭安每次领了薪水,都分出一部分寄作家用,另一部分用来接济贫困学生。侯延塽能进入龙山书院,靠的也是傅旭安的帮助。

傅旭安与侯延塽相识于东昌府的一家店铺里。那日,傅旭安本无意买东西,只是在闲逛中无意走入这家店铺,进去后,他便被店铺的一角所吸引,不由得停下步子。吸引他的并非店中的商品,而是店铺里的一名学徒,这名学徒年纪不大,独自一人坐在角落里读书,察觉到有人向他走来后才抬起头,态度温和地问傅旭安要买什么。

傅旭安从学徒的谈吐中便知他很有学问,文雅的谈吐不同于其他只会讨好顾客的小学徒,便与他攀谈起来。谈话中,傅旭安得知这位学徒名叫侯延塽，自幼酷爱学习，无奈家境贫寒，支付不起书院的费用，只得中途辍学。母亲过世后，父亲再娶，继母命他外出做学徒，以贴补家用，无奈，他只好顺从继母意愿。

平日的学徒时间，一有空闲之时，他便会读上一阵书，或者在打烊后就着昏暗的油灯再读一阵。看着侯延塽清秀的面庞上透出的无奈和遗憾，傅旭安决定，要尽自己的全力帮助这个好学的孩子。

再见面时，傅旭安给侯延塽带去几本书，侯延塽十分欢喜，也更感激，傅旭安心中自有一番满足。傅旭安当时还在外教书，回家次数不多，但每次回到东昌府，都会挑些书给侯延塽送去。一来二去，两人越来越熟悉，傅旭安索性把侯延塽带到家里，让他随意挑选喜欢的书籍，并鼓励他不要放弃学习。

1899 年，傅旭安被升为龙山书院的院长，离家前，他决定带上侯延塽，让他进入自己所在的书院学习，并承担所有费用。这对侯延塽简直是天大的喜讯，他从未想过，自己梦寐以求的愿望竟这么容易就成了真，而且施以援手之人与自己非亲非故。

侯延塽辞去了学徒的工作，跟着傅旭安去了龙山书院。他非常珍惜这次难得的机会，进了书院后十分刻苦，终于在三年后考中举人。傅旭安看在眼里，喜在心头。次年，侯延塽进京参加会试，离开书院前，傅旭安将他送到门口，叮嘱他些许话语，侯延塽一一答应，却没想到这一别竟是永别。等他经过会试和朝考，官达刑部主事之后回来省亲时，恩师已不在人世。

得知恩师病逝的消息，侯延塽悲痛至极，本想自己衣锦还乡，终于能够报答师恩，却没想到自己还没来得及回报，恩师人便已故去。他急忙赶去聊城，先拜见师母，后又去恩师的墓前祭拜。在傅旭安的墓前，侯延塽想到初遇恩师那天的情景，想到恩师第一次将他带回家，让他在满柜的书中任意挑选的情景，想到恩师让他同去龙山书院的情景……一桩桩一件件都历历在目。他一边向恩师的墓碑讲述着自己赶考之后的经历，一边泪流满面。

傅旭安病逝后，侯延塽一直希望能多为恩师家做些什么，见到傅斯年后，他立刻做出决定，将其接到天津继续读书。他在傅旭安的墓前起誓，一定要担负起傅家两兄弟的学业，将他们二人培养成才，以报恩师恩情。

聊城有着悠久的儒家文化，却相对闭塞落后，难以接触到新知识、新学问。江河变换，四季更替，随着国家各城市的日益发展，聊河早已不再是当初那个交通要道，聊城也已不再是当初那个经济重地。对一个聪慧而热血的少年来说，久居此地对他未来的发展只有害而无益。

侯延塽是有才之人，更是爱才、惜才之人，何况所爱所惜之才还是恩师之子。他与傅斯年交谈过，发现这个孩子虽比自己小25岁，却有着同年龄孩子没有的独特见解，谈起话来丝毫没有障碍。他也看过傅斯年在学堂写的文章，可谓篇篇精彩。离开聊城时，他特意要了几篇傅斯年的文章，将它们带到天津，拿给天津的几位朋友传阅。

侯延塽的这些朋友中，包括《大公报》的经理英敛之和傅淦的学生孔繁淦，二人看过傅斯年的文章后，都表示这个孩子才不可没，应立刻接到天津，英敛之还当即表示，愿意帮忙照顾这个孩子。

得到朋友们的支持，侯延塽再次来到聊城，将自己的打算向傅淦坦白，傅淦保守，却也已经意识到社会在变化，单凭那些古老的知识不足以让一个年轻人成长得更强大。思量过后，傅淦赞成傅斯年外出求学，开阔眼界，学习新知识。李夫人听闻侯延塽要把儿子带走，心中自然万般不舍，然她也明白这对傅斯年是最好的安排，最后点头同意侯延塽的提议，允许他带傅斯年去天津。

征得了傅家长辈的许可，侯延塽将这个决定告诉了傅斯年，表示到了天津，他能接触到更多新鲜事物，学到更多拓展视野的知识。

彼时，年纪尚轻的傅斯年还未意识到自己的未来会变得如何，未想过自己是否会专心求学、不闻俗事，也未整天期望着自己有一天会多么有成就，他的心思很单纯，只想努力学习，让自己的知识量越来越充实。

13岁的他，身体里涌动着强大的求知欲，仿佛是一只喂不饱的小怪兽，整天在傅斯年的体内张牙舞爪，喊着对知识的渴求，喂给它的知识越多，它就长得越大。当得知自己有机会外出读书时，他开心极了。

李夫人不曾出过远门，可听说过在外生活的艰辛。傅斯年临行前，她一边帮儿子收拾东西，一边细心嘱咐：好好吃饭，天冷增衣，尊重叔伯，礼貌待人……傅斯年的东西不多，她却收拾了很久，每叠好一件衣服，都会不自觉地用手抚摸一遍，仿佛这般便能释放心中的留恋。

终于，衣物都叠好了，放进了箱子。箱子关上的那一刻，李夫人的心微微地颤动了一下，但她没有过多挽留。身为母亲，只要儿子能过得好，暂时的分别又算得了什么？她努力不让儿子看出心中的不舍，期盼着他在外一切顺利。

傅斯年年少离家，是要饱尝一人独立之艰辛的，可恰是这番历练，让他体内积存了巨大的能量。想来，若不是如此，傅斯年必然无缘接触更高一层的知识和教育，也必然无缘成为日后著名的学者。

第二章 为求新知，忍痛离乡

1. 远行之途，忘年之友

傅斯年离开家乡的那天，冷风夹着雪花呼呼地吹着，天气的寒冷没能挡住他对求学的热切渴望和对未来的憧憬。是时，东昌府还没有通汽车，想要出城只能靠步行或乘坐人力车，傅斯年的祖父母已步履蹒跚，不便出行，无法亲自陪他出城，他们只得在傅斯年离家前一次又一次嘱咐他要好好学习，不舍之情，难以言表。

再多的不舍依然要别离，13 岁的傅斯年带好了行李，坐上了独轮车离开了家。他的身后只有一名车夫和要带他去天津的侯延塽。一路上，傅斯年沉默不语，静静地坐在独轮车上，守着他并不多的行李，听着独轮车发出的吱吱声响，心里的感触有些复杂。对于去天津求学这件事，他本人是期望的、兴奋的，可要离开生活了 13 年的故土，离开最亲爱的家人，他又怎能忍住因留恋而生的不舍之情？他知道，以后再不能陪伴在祖父母和母亲身边，生活中遇到的一切杂乱无章之事，都要自己一个人慢慢消化了。

天津，原意是天子经过的渡口，由此可见其在古代的地位。天津是座沿海城市，在中国的近代史上，它是最早对外开放的北方城市之一。唐朝年间，天津成为重要的水陆码头，南来北往的商品都要经过此处。

元朝至明朝年间，天津又曾几度成为军事重地。明清年间，天津是著名的通商口岸，经济的迅速发展吸引了许多外地人，为了保证这些人能受到教育，政府在天津开设了一些书院，推进了教育业的发展。

1901～1911年之间，天津开始施行新式教育，提倡"中学为体"和"西学为用"，从国外引进了许多科学技术和新知识，许多私塾也渐渐被新式学堂所取代。

这样一座夹带历史兴衰的城市，对傅斯年而言是陌生的。以前，他只在一些跑买卖的人口中听说过有关这个城市的琐事，他们口中的天津是一个繁华热闹的大城市，有许多他在东昌府不曾见过的东西，比如电灯、电话、汽车、高楼……那里的孩子从小接受的教育也与他所接受的不同，他们从小就有机会学习到数学、物理、化学、生物等新奇的学科，甚至还有由英国人教授的纯正英语，就连他们穿的衣服都不是传统的布衣，而是平整的制服。

傅斯年在东昌府的私塾中学到了许多传统的文化和文学，这些知识为他打下了很好的国学基础和传统文化基础，却早已不能满足他日渐增长的求知欲。此次抵达天津，他这个思想如脱缰野马的"学霸"，似乎更有大展拳脚之地了。

此前，侯延塽曾告诉过他，到了天津，能学到很多新知识，多数知识都从西方引进，这让他心中充满了幻想和期待。他迫切地希望自己也能早日和城市里的那些孩子一样，丰富自己的精神世界。

童年时代经历的不幸让傅斯年有一些早熟，但他毕竟还是个孩子，一想到自己将要踏入一座完全陌生的城市、接触一片完全陌生的领域，以及一群完全陌生的人，心中不免有些忐忑。刚踏上天津这片土地，他就看到各式各样的西洋风格的建筑及街上各种模样的洋人，这让他觉得既新鲜又好奇。

初到天津，傅斯年先受到了他祖父的一名学生的照顾，之后便一直跟随英敛之。自从6年前第一次与傅斯年相识，英敛之便一直对这个孩子疼爱有加，他知道傅斯年的天分，真心希望他能接受到进一步的教育。傅斯年来到天津后，英敛之很佩服他为了学习敢于离开家的勇气，毕竟对于出生于一座小城市的一个13岁男孩来说，离家求学很显然与年龄不相称。

英敛之也了解傅斯年家中的困难，所以傅斯年到达天津后不久，他便将傅斯年接到自己的家中照料。

英敛之的房子位于英租界，是一座三层小别墅，在当时，这样的洋房并不常见，只有外国的租界里才能看到，而能住得起这样别墅的人家境也都不一般。许多洋人和显贵都住在这里，故这住处无论室外还是室内的环境，都百里挑一。傅斯年的房间面积不足9平方米，但已经能住得温馨、安稳，英敛之夫妇待他极善，力图不让他产生寄人篱下之感。

傅斯年关注时事，喜爱古典文学，英敛之看重他这一点，时常和他谈论，并任他自由表达观点，抒发意见。虽然比傅斯年年长30多岁，但英敛之在与傅斯年谈论这些时，从没把他当成一个小孩子，傅斯年的每一次应对也都让英敛之越发确信自己没有看错人，这个少年确是可造之才！

英敛之的夫人淑仲也特别喜欢这个胖胖的、博学的小男孩，对他视如己出。傅斯年住校后，每次回到英敛之家拜访，淑仲都会吩咐家中佣人给傅斯年单独开小灶。

英敛之夫妇皆是虔诚的天主教徒，为人善良，待人和气，有悲天悯人之心，家中也自然有着和睦温馨的氛围。傅斯年住在他们家的日子里，深深被夫妻二人的心性所感染。每逢周日，他也会跟着淑仲一起去天主教会，在此过程中，他接触到一些信仰天主教的人，对这一宗教及部分教众也有了解。

侯延塽在此期间，也负担了傅斯年大部分生活费用，为傅斯年购置生活用品和学习用品。吴树堂是傅斯年父亲生前的好友，他听说傅斯年来到天津求学，主动为其提供了经济上的支持。叔伯们的厚爱令傅斯年心生感动，到达天津之后，他每天更加勤勉地准备入学考试。最终，他不负众望，于1909年春天考入天津府立第一中学。

当年，天津刚刚开始兴建新式学堂，整个城市中只有三所，天津府立第一中学便是其中一所。该校对学生要求非常严格，只有通过入学考试者才能入校学习。

天津府立第一中学是一所住宿式学校，傅斯年考入后，便从英敛之的家中搬了出来，与同学们一起住进了学校的宿舍。天津府立第一中学是一所新式学堂，傅斯年走入学堂，穿上新式制服，戴上了学生帽，开始了一段崭新的生活。对于傅斯年来说，这是一场前所未有的经历和体验，因为这是他第一次真正独立地生活。

天津府立第一中学环境优美，校园里大树参天，梧桐、槐树，都寓意着学生们能在这里成人成才。洁白的莲花盛开在清澈的水池里，散发着淡淡的清香，淡雅而高洁。校园中通往各处的甬道曲曲折折，甬道旁种着各种树木和鲜花。傅斯年一进校园，不由得心旷神怡。

最令傅斯年兴奋的，是这里有一所图书馆。图书馆里有看不完的报纸、杂志和各种书籍，还有一张很大的桌子和许多椅子，学生们可尽情挑选自己喜欢的书，而后围坐桌边细细阅读，品味书中的精髓。傅斯年宛若贪婪的饕餮，常常一头扎进图书馆不肯离开。

对于从小只接触四书五经的傅斯年来说，这个图书馆是一片神奇的天地，他在这里领略了来自世界各地的文化，其他国家的历史、经济，以及发展过程，这都让他意识到自己幼时生活之处是多么狭小，也让他觉察到自己原有的知识面是多么狭窄。

看着那些记录着西方国家先进技术学问的文字，傅斯年开始深思，他认为正是因为国家的地大物博和清政府的腐败懦弱，才会有那么多外国侵略者入侵。他也开始利用课余时间与同学讨论，如何才能让国家强大？如何让中国人不再受洋人欺负？

光阴似箭，一年后，傅斯年适应了新环境。14 岁的他时刻牢记叔伯们对他的恩情，一有空闲便去探望英敛之一家。

在傅斯年的成长道路上，英敛之和侯延塽对他都产生了不小的影响，尤以侯延塽为甚。他比傅斯年大 25 岁，于傅斯年而言，他亦兄亦父，也是其少年时期崇拜的偶像。

侯延塽早在初识傅斯年时就发现了他惊人的天分，认为这个有着惊人记忆力，且酷爱国学的少年，长大之后一定前途无量，故此他将傅斯年介绍给英敛之等人。傅斯年上中学后，侯延塽每逢去天津出差，都会请傅斯年去他所住的宾馆房间里和他叙旧，感觉到傅斯年每一次与他谈论国家大事、分析世界形势和时局变化时都有所进步，对其更是刮目相看。

傅斯年在侯延塽的影响下，努力学习新知，参加先进运动，并写出了许多与侯延塽思想风格类似的作品。

2. 踏入北大，渐显锐气

秋风飒飒，波光粼粼，柳叶飘飘。如此自然美景之中，两个身影由远至近，渐渐变得清晰。一个穿着银色长袍，黑色马褂，头戴黑色礼帽；一个穿着学生制服，头戴学生帽，他们便是侯延塽和傅斯年。两人沿着海河大堤边走边聊，一路上，傅斯年不停地发问，侯延塽则耐心地为他一一解答。

聊着聊着，河岸附近一处洋人的别墅区刺痛了侯延塽的眼睛，他不由愤愤地说："悲剧的中国呀！我们这些炎黄子孙，华夏后裔怎么落到这种地步……我是光绪进士，狗屁！除学会三叩九拜吾皇万岁万万岁！有什么治国策略？怎么振兴中华？没有真本事、真能耐！我们教育落后、军事落后、经济落后，我们社会体制落后，中国人缺的不是智慧，缺的是人格、国格；中国不缺人，缺的是人才！中国要进步，必须废除旧式的教育，要振兴，必须学习西方，以夷为师，要民主，要自由，要解放！"

"废除旧式的教育"、"要自由"、"要解放"、这几个词深深地印在了傅斯年的心里。他曾读过梁启超的《少年中国说》，觉得这文章写得极好，只可惜梁启超是保皇党，思想还未先进到提出废除封建制度、提倡自由解放的程度。如今侯延塽的一席话让他受启发，他更加意识到自己这样的少年是国家的未来，务必要创造一个真正的"少年之中国"。

清朝入关后，多尔衮颁布了"剃发令"，不从者一律杀头，从此剃发留辫便成了中国人的传统，也成了清朝人的象征。辛亥革命后，南京临时政府下令开展剪辫运动。一些人积极响应，一些人则努力抗拒。在传统教育中，"身体发肤，受之父母"，头发是身体的一部分，若是剪了，便是不孝不敬。何况对于满人来说，头发是一种荣誉，所以他们说什么都不肯剪。

1911 年，清朝正式完结，"中华民国"成立。孙中山就任临时大总统时，见不少地方的人拒不肯剪辫，便下令："凡未去辫者，于令到之日限二十日，一律剪除净尽，有不遵者以违法论。"这一号令颁布后，剪辫运动开始在全国各地蓬勃地开展起来。在民间流传起"不剪发不算革命，并且也不算时髦，走不进大衙门去说话，走不进学堂去读书"的话。一些汉人争先恐后地剪掉了辫子，也有一些迷信的人一定要选定吉时，拜过祖先后才肯剪。

此时的傅斯年，已在同学中极具号召力，一众学弟都亲切地称他为"傅大哥"。傅斯年听说了剪辫的消息后非常兴奋，他率先剪掉辫子，并带着其他同学们一起剪。为响应"傅大哥"的号召，同学也纷纷剪辫子，甚至担心剪得晚了会被人耻笑。如此，几天的光景，整个学校再也看不到一名留辫子的学生。

傅斯年带着同学们打着彩旗，喊着"革命了""革命万岁"的口号，一起上街游行庆祝。街上异常热闹，有人放鞭炮，有人欢呼，也有一些人哭丧着脸，捧着辫子难过。据说，那些哭丧着脸的人本不想剪辫子，却被军政府骗进了集市上的菜饭点，然后被强行剪掉了辫子。傅斯年看到这些人，感到又好笑，又好气。

两年后，傅斯年结束了四年的中学课程，考入了北京大学预科，学期 3 年。当时的北京大学预科相当于北大附属高中，从这里毕业的学生无须再参加考试，可直升入北京大学本科。

现今高中分文理科，当时的预科亦有文理之分，只是叫法各异：学期内侧重数理化等自然科学教育的叫甲部，毕业后升入理工科本科；学期内侧重文史等社会科学的叫乙部，毕业后进入文科和法科的本科。自小接受文史教育的傅斯年选择了乙部。

北京大学预科的前身是"同文馆"和"译文馆"，是由清政府创办的以教授西方语言为主的机构，1902 年被并入京师大学堂，即北京大学的前身。预科延续了对学生外语能力的严格要求，学生们必须看得懂外文原著，听得懂外语授课，这一要求令傅斯年颇感吃力。他刚进入预科时，虽有一些英语基础，可距学校的要求相差甚远，幸而他惯于发奋，也算慢慢融入了环境。

傅斯年在英语学习上稍有吃力，在其他学科方面则优势明显，特别是在古文和史学方面。儿时打下的古文基础和史学基础，让他在开学后迅速成为同学中的焦点，他的每一次发言亦能在同学中掀起浪潮，产生反响。即便如此，他也丝毫没在这些学科上掉以轻心，班里一些官僚子弟漫不经心混日子时，他仍伏案疾书，弥补自己在英语上的不足，并在史学方面锦上添花。

学业不能弃，课外活动亦不可少。傅斯年清楚，若要变强，学习只是一个方面，必须要多参加各种活动，以锻炼自己其他方面的能力。预科第二年，傅斯年和同学沈沅等人成立了一个"文学会"，并创办了一本属于他们自己的杂志，名为《劝学》。与《荀子》中的《劝学》不同，这本杂志旨在对修辞属文进行研究，提高同学们的文学素养。

后来，傅斯年又在"文学会"的基础上成立了"雄辩会"，锻炼同学们的思辨能力和口才。雄辩会分为国文部和英文部，在同学们的一致推举下，傅斯年担任起国文部副部长兼编辑长的职务。"雄辩会"不定期举办一些辩论会，他自己也参与其中，但还是将大部分机会留给其他同学，因为凭其学识、口才，难以有人辩得过他。

白驹过隙，傅斯年三年的预科生涯，在努力地学习和各种校内活动中画上句号。1916年夏，傅斯年成为了北京大学的一名学生。起初，他觉得"国学"（即后来的中国文学系）是学习的根本，能收获更多知识，故此而选，主攻传统国学文化。

傅斯年进入本科后，便开始着重学习各种古文经学，特别好读章太炎的作品。章太炎是清末民初的国学大师，他不满于清朝的腐朽统治，反对"以孔教为国故"，并对袁世凯复辟深恶痛绝。是时，北大文科有许多老师都是他的学生，对其理论颇加推广，这也成为傅斯年选择国学门的一个原因。

傅斯年从预科时便开始追随章太炎，赞同他的"反孔教会"言论。升入本科后，他常随身带着一本章太炎的作品，随时阅读，即使在其他学科的课堂上，若觉得老师所讲之处不足以吸引他，也会拿出章太炎的书一边读，一边在空白处写下自己的理解和心得，同时以红笔批注出重点语句。

傅斯年有此"怪癖"，自然引得其他任课老师关注。有一节历史课上，老师见他一直低头看书，便不时将视线落到他身上，以作提醒，可傅斯年仍我行我素，毫不顾忌。

优秀的学生，在老师眼里常能获"特权"。对于傅斯年的我行我素，老师们并无过多干涉，毕竟他每次考试都名列前茅，且曾以平均94.6分的高分名列班级第一名。章太炎的学生们见傅斯年如此出类拔萃，都深感欣喜，他们努力培养傅斯年，希望他能继承章氏学统，成为推广章氏学说的传人。傅斯年也的确不负众望，很快成为章太炎的学生黄侃的得意门生。

那时，傅斯年的博学甚至超过了一些老师。据傅斯年的好友罗家伦讲述，傅斯年在北大就读期间，校内有一位教授名为朱蓬仙，负责讲授《文心雕龙》。朱教授也是章太炎的学生之一，可他对自己所教的课并不擅长，有时还会出现些许错误。学生们对此很无奈，却又没有办法为其指出。

傅斯年不比一般学生，他的鲜明个性及对待学术的认真，令其总能一语中的。当时，一位同学从朱教授那里借出讲义的全稿交给傅斯年。傅斯年一边翻阅，一边画出其中的错误并进行修改。仅用了一晚，他就看完了全部讲义，并将出现的三十几条错误一一改正了过来。

改好后，全班同学集体在讲义上签了名，然后将讲义送到了校长那里。校长一看这些修改，便知执笔之人造诣极深，他不相信这些出于学生之手，担心是其他教授指使学生所为，便对签名的学生们进行突然袭击，请他们去校长室进行问话。

同学们害怕被校长问到时露出马脚，又不想傅斯年一人承担擅改教授讲义的责任，便每人分了几条，牢牢记住，待校长提问时只说自己负责了这几条便是。此事告一段落，没有一人受到责备，这门功课也得到了调整。

傅斯年擅自修改了教授的讲义，并不是为了自显才学，而是出于对学术的责任心。其时，傅斯年已初步展现出狂放不羁、为求真理不怕得罪任何人的性格。这种性格在时间的雕刻下棱角鲜明，渐成为其独有的气质。

3. 同窗挚友，和而不同

少年气盛，同窗情深。人们常说学生时代的情谊最为真切、深厚，最能在生命中占据重要地位，此话不疑。傅斯年在北京大学的学习生涯中，结识了许多志同道合者，他们陪伴他走过了最有朝气的岁月，且时不时搅动着体内最澎湃的热血。

举凡志同道合者，皆不论家私、背景，只在乎品格、志趣。傅斯年在北大所交的好友中，顾颉刚是一个不得不提之人。顾颉刚是江苏人，从小热爱文学，进入北大预科后对戏剧产生兴趣，并沉迷其中。他与傅斯年在文学方面兴趣相投，对当代时局和历史问题的看法一致，两人相识不久后便成莫逆之交。

此外，两人的成长环境虽不同，但家世背景相似，且都自小经历过丧亲之痛，由祖父母抚养成人。

顾颉刚也出身于书香门第，他的家族曾被康熙皇帝赐为"江南第一读书人家"。相比傅斯年，顾颉刚的古文基础略逊一筹，可这并不妨碍二人相处，而他也对古文古史怀有更浓烈的情感。

读私塾时，顾颉刚因天资不够聪颖，吸收知识的能力略差，时常被老师和母亲责骂、体罚。顾颉刚的父亲也常年在外，可他的母亲过于苛刻，不容其犯一点错误，令顾颉刚畏惧不已。

母亲过世后，顾颉刚便与祖母相伴。祖母也是一个严厉之人，以致顾颉刚的童年充满了打骂和斥责，这多少让他对这个世界产生了一丝恐惧，思想中并存两种全然相反的极端性格。多数情况下，他为人温和、平易近人，而一旦触及自尊，或触碰了底线，他就会突然坚决起来，语气尖锐。

大学生活让顾颉刚如沐春风。在这期间，他流露出大多江南人特有的温润、矜持，傅斯年则不同，显出的是谁也不服的火爆脾气。一半海水，一半火焰，可二人相处甚欢。顾颉刚每每面对傅斯年时而冒出的火爆脾气和尖锐词语，往往淡然一笑，尽量忍让，但有时，也会孤独而自负，此可谓好友相处之真性情流露。

不同于今时大学校园里，学生们常成群结伴，一起吃饭、学习、游玩。当时的北大校园中，同学之间鲜有接触，即使同住一间宿舍，彼此之间少有交流，平日里吃饭、去图书馆、散步等，都是各行其是。在当时那种环境里，傅斯年与顾颉刚的关系能那般亲密，实在难得。

预科期间，傅斯年知晓章太炎的"反孔教会"论后，希望能在《劝学》上发表一篇与章太炎思想相关的、批判"孔教会"的文章。他找到顾颉刚，表其意图，顾颉刚略作沉思，便挥笔写下了《丧文论》一文，在文中指出当时担任"孔教会"会长的康有为那种"复古尊孔"思想是错误的，并对"孔教会"大力指责、批判。傅斯年读过《丧文论》后，连连叫好，称赞顾颉刚的这篇文章"可与章太炎的《驳建立孔教议》相媲美"。

顾颉刚面对傅斯年的夸奖连连自谦，说自己不过是鹦鹉学舌而已，傅斯年不表赞同，并与顾颉刚大谈当时文学界所具的毛病。在傅斯年看来，文言文并非没有优点，但它已是一种死去的语言，想要人进步，社会进步，必须大力推行白话文，只有白话文才能更清晰简明地传达意思。

傅斯年称，自古以来，中国文学最大的毛病是"面积唯求，深度却非常浅薄"，过于注重词句的排列形式和辞藻堆砌，而忽略了对内在层次的强化。他认为，西方的文法、词法、句法等非常值得中国人学习，顾颉刚对傅斯年的观点啧啧称赞，对其佩服之情更甚。

1917 年，蔡元培回国后任北大校长，聘请了陈独秀为文科长、刘师培为《中国古代文学史》的讲师，之后又聘请了胡适、李大钊、刘文典等人入校教书，同时宣布，学生们可以随意听课，无论是本校学生、外校学生还是其他人员，只要在布告栏上看到感兴趣的课，就可以在指定时间去听。如此，北大校园内立刻呈现出一派新气象，有些教室里往往门庭若市，晚去的学生只好站在走廊里侧耳。

顾颉刚与傅斯年住在一个宿舍，所学专业却不同。顾颉刚选的是哲学系，一次，他在上新来的教授胡适的课时，见其讲课方式十分新颖，却不被学生们所接受，颇有担忧。当时，蔡元培规定，若哪一位教授不受学生欢迎，学生可集体提议，罢免这位老师。顾颉刚知道，凭借傅斯年在学生中的地位，只要他"才口一开"，学生们就不会继续与胡适作对，思及此，他决定叫上傅斯年一同去听课。

一日，傅斯年走进教室，看到满屋子都是学生，可这些学生却不全是来认真听课的。一些学生专门捣蛋，只要老师一开口，便在下面起哄，欲把胡适气走。再看站在讲台上的胡适，没有丝毫尴尬或犹豫，一副不急不缓的样子，面露微笑。傅斯年第一次见胡适，他看胡适如此年轻，却能淡定从容地面对挑刺的学生们，心中不由生出一番钦佩之意。

可以说，顾颉刚无意之间成了傅斯年与胡适之间的"媒人"，而傅斯年又一不小心成了胡适的"恩人"。

听罢胡适的课，傅斯年深感其学。他觉得胡适授课思路清晰，头脑灵活，且能以新颖的方式授课，将新的见解毫无保留地表达出来，足见其绝对是一名非常称职的教师。还有一个细节不能马虎，胡适虽留过洋，全身上下却无一丝奢华，也未曾有留洋之人那些令人不舒服的毛病，诸般点滴，都让傅斯年对胡适产生了好感。

傅斯年曾因被爱才惜才者看中，他又怎不知怀才不遇之苦？

如此，有了傅斯年的肯定，那些在课上起哄捣乱的学生们安静了下来，他们虽不认可胡适，却都认可傅斯年，于是一改之前的恶劣态度，安心听课，竟然也从胡适的课中觅得了前所未有的兴趣和欢愉，对这位年轻教授的喜爱之心日甚。

在那之后，傅斯年又接连听了几堂胡适的课，对他的认可和崇敬之情愈浓，不过他并不是一个喜好夸耀的人，所以从未对胡适提及此事。胡适虽曾诧异过学生们为什么会突然之间变得乖巧，却从不得知其中原因，更不知自己能留下完全是傅斯年的功劳。直到多年后，胡适终于寻得根由，遂对傅斯年心存感激，且对这名学生的"为善不欲人知"的行为表示钦佩。

顾颉刚邀请傅斯年去听胡适的课，也并无太多想法，一是觉得这课讲得确实值得听，二是想知道傅斯年对胡适授课的看法。他万万料想不到，自己一时的无意之举，竟让好友成了胡适的忠实拥护者和保护者。

听过胡适的课，也与胡适有过几次交谈后，傅斯年的思想发生了巨大变化。胡适在国学方面不如傅斯年，但其所展现出的新思想、新觉悟，却是傅斯年不得见的，后者佩服得五体投地，更令其对传统文化生了一些质疑。

接触过胡适的先进思想后，傅斯年开始觉悟，传统国学并不能真正让人开阔眼界、认识世界，它们可以作为学习初期的垫脚石，却不能作为建筑文化世界的全部材料。

如果说，胡适是带领傅斯年走入新文化的领路人，那么顾颉刚就是把傅斯年送到胡适身边的赶车人。在这一方面，傅斯年对顾颉刚心存感激。然而，虽然是志同道合的好友，傅斯年与顾颉刚却也不是在所有问题上看法一致。在针对知识和政治的重要性进行讨论时，两人就发生了激烈的争执。顾颉刚认为，知识的力量大于政治，傅斯年则恰好相反。或许，这种对政治和知识所占地位的不同看法，决定了他们二人日后关系的破裂。

大学期间的顾颉刚与傅斯年就像两只刺猬，彼此关系亲密，却又不能靠得太近。他们对彼此都产生过重要影响，无奈根本追求不同，最后还是分道扬镳。可尽管如此，他们一起经历的那些事，都是他们人生中不可抹去的回忆，也都是他们一生中最珍贵的东西。

傅斯年在北大还结识了许多同窗好友，如周炳琳、徐彦之、袁同礼、毛子水、沈雁冰等。这些人中的一些人，在后期与他一起参加了新文化运动，成了与他并列一个战壕的伙伴；一些人与他共同创办了《新潮》，号召文学革命；一些人在他的邀请下与他回到北京大学，教书育人；一些人在他研究史语期间给予了他莫大的支持和帮助；一些人在他任职台湾大学时毅然接受他的邀请，与他并肩从事教育事业……

4. 恩师授业，得益终生

岁月变迁，世事难料。谁也未曾想到，那个一心追随章太炎的傅斯年，那个视国学为知识之根本的傅斯年，那个被所有章氏门生视为衣钵传人的傅斯年，会在不久后的某一天，转变为不再推崇章氏学说之人。

傅斯年的同学毛子水说："傅先生最初亦是崇信章氏的一人，终因资性卓荦，不久就冲出章氏的樊笼；到后来提到章氏，有时不免有轻蔑的语气。与其说是辜负启蒙的恩德，毋宁说这是因为对于那种学派用力较深，所以对那种学派的弊病也看得清楚些，遂至憎恶也较深。"

追根溯源，这一切都源自蔡元培就任了北京大学的校长。

蔡元培少年时博览群书，甲午战争后开始接触西方学说，曾先后两次出国留学。在国内，他曾担任过中国教育会的事务长、爱国女校及爱国学社的总理、光复会的会长、南京临时政府教育总长。担任南京临时政府教育总长时，他便主张废除旧式学习制度，建立资产阶级民主教育体制，后因袁世凯企图复辟，辞职离开。

1917 年，蔡元培就任北京大学校长。在这之前，全国的大学校园中仍然一派旧时的文化氛围：一些教师到这里教书，为的是有朝一日从政为官；还有一些教师本身就是北洋政府的官僚，他们扬扬自得地在学校里招摇过市，一旦有学生向他们请教问题，则一副为难嘴脸，简单搪塞几句或提前躲开。至于学校里的学生，有不少都是官僚子弟或纨绔之徒，平日不用功读书，吃喝玩乐却一样不差，只等着毕业后当官敛财。

这样的现状与蔡元培的就认初衷显然背道而驰。他旨在将北京大学打造成为培养国家高级人才的学府，而不是供官僚子弟混文凭的场所。他在就职后第一次演说中指出："大学学生，当以研究学术为天职，不当以大学为升官发财之阶梯。"

故此上任之后，他首先改变的是学校中的文化氛围。他先聘请了两位大师级人物，分别是学识渊博且善于灵活授课的刘师培和主张"为学务精"和"宏通严谨"的黄侃。他认为，校内真正将心思用在教书上的老师太少了，既然请，就一定要请真正有学问、会教学、能变通的。

在聘请教师时，他提倡海纳百川，无论保皇分子或思想激进人士，独善其身之人或随波逐流之人，只要有真才实学，对学生有好处，皆能入校施展才华。

文学院和法学院坐落之处的前身，是清朝的一所公主府，远远望去，仿佛还能闻到清朝遗留下来的陈腐气息。学生们整日处在这样的环境中，自然难以从旧思想、旧文化中脱离出来。为了从环境上"破冰"，蔡元培在校园里建起了一座红楼，作为文科教室和图书馆。楼上还安了一座大钟，每天上课和下课时，洪亮的钟声都会响起，久久回荡在校园师生的耳畔。

蔡元培新思新举，让校园大改模样。此时傅斯年已在北京大学，他这个后世名震寰宇的"傅大炮"，最后与蔡元培师生情厚，这倒叫人惊诧了。

傅斯年在北京大学上学期间，有一位官僚模样的同学时常做些令人厌恶之事，日子久了，许多同学都对他心有不满。终于有一天，另一位同学因忍无可忍，在宿舍的墙上贴了一张"讨伐"告示，随后，其他同学纷纷跟帖效仿，不出两天，各种"讨伐"帖便将整整一面墙都占据了。

傅斯年也发了一封匿名帖，字里行间透着对该同学的讽刺，这帖子一出便引起轰动，所有人对此帖子的内容、水平交口称赞，傅斯年心中甚喜。

蔡元培得知此事后，特意在大会上指出，同学之间，若发现某人有错，可悉心规劝，规劝不成，还可告与学校，不应做出发匿名帖这种失品德之事。虽然反对这样做，可他并未追究参与匿名帖的学生的责任，只希望他们日后不要再做。傅斯年在堂下听了，不由得心生羞愧，想起自小接受儒家教育，被教导要"正心"、"诚意"、"不欺暗室"，如今却做出这样的混事，实在是小人之举，其后终不再犯。这也是蔡元培与傅斯年第一次精神层面的交流，只是两人皆不知。但很快，他们就有了实质性接触。

蔡元培学识渊博、见闻开阔，更重视对学生的培养。入校不久后，他便从其他同学和老师口中听说，有一个名叫傅斯年的学生很特别，学习成绩优异，思想先进，反对旧式教育和制度，在学生中颇有威信。

起初，蔡元培的心思在学校建设上，没有与傅斯年有太多接触。朱教授讲义一事，因学生们将责任分担下来，他仍没机会亲自与傅斯年打交道。然而，注定相逢便绝不会错过。

蔡元培真正与傅斯年建立联系，是在傅斯年写了《论哲学门隶属文科之流弊》之后。这是一篇与大学分科有关的文章，傅斯年在文中提出"自然科学联系更为密切"，并建议将哲学划入理科。蔡元培读过之后，认为这位学生的见解独特、学识丰富，特别是傅斯年引用了西方的一些例子为论证，让他感到这位学生不是只会死读书的书呆子，若加以打造，必然成才。

蔡元培将傅斯年这篇文章发表于《北京大学日刊》上，并为此文加了一条按语，按语中表明了他赞同哲学不应属于文科的观点，但也不认为哲学应属于理科。在他看来，应该破除文理分科的限制，将所有科目都归为大学学科，这样方才恰当。

从此，蔡元培开始了与傅斯年的师生缘。他总是能发现傅斯年身上的闪光之处，对他进行正面引导和鼓励，傅斯年也非常尊重这位老师，在其影响下有了献身学术的想法、积极参加社会活动的兴趣，以及发现政治中的黑暗面并予以批判的习惯。

大学期间，另一位对傅斯年影响至深的老师便是胡适。

胡适是一个博学之人，一生对哲学、史学、教育学、红学等学科都有研究。1910 年，他去美国留学，由此接触到了杜威式的实验主义哲学，之后，他便将这一哲学理念视为一生的坚持。

回国后，胡适受蔡元培邀请进入北京大学教书，在授课的过程中，他也将他所崇尚的哲学理念传递给了他的学生们，许多学生受到他的影响，思想变得越来越活跃，开始喜欢从实验哲学的角度思考问题，整个学校也呈现出了一派新气象。

胡适是一位天生的演说家，他声音浑厚，吐字温和却字字都带有力量，让听的人不由自主地被他所吸引，并对他所说的事情产生一定的认同感。在北京大学授课时，他用清晰有条理的语言，将想要传递给学生们的东西一一表述出来，学生听罢总有一种如沐春风之感。此足见其授课方式的特别。

胡适在美国留学期间，曾在《新青年》上发表了一篇名为《文学改良刍议》的文章，没想到这篇文章一经刊登，就在国内掀起巨浪。之后，他又主张"国语的文学，文学的国语"，提出只有白话文才能带活中国的文学。

在胡适的带动下，北京大学的学生们开始从"之乎者也"转向用白话文写文章；他们不再"死读书，读死书"，而是开始对社会时事产生关注，校园中涌起一股谈论国内外时事的热潮，这让本就对时事政治感兴趣的傅斯年更加钦佩这位老师。

当时的北京大学在蔡元培的领导下，已有百花齐放的局面，老师之间常因学术意见等不同发生辩论，争得不可开交。北京大学的老师中包括一些坚持传统的"守旧派"和提倡革新的"革新派"，也同样会因各自所坚持的文化产生冲突，其中冲突最大的两人即是胡适与黄侃。傅斯年也偶尔会凑热闹，加入辩论，他每次都会细心聆听老师们的言论，再用自己的认识表达支持或反对的观点。

黄侃是章太炎的学生，对章太炎恭敬之心可想而知。傅斯年在认识胡适之前，一直是黄侃的得意门生，他一心向学，黄侃也对傅斯年格外精心栽培。

对于胡适提倡的新文化运动，黄侃是极其反对的，他始终认为文言文才是正统学问，故而每次上课前都会大骂胡适一番，希望同学们不要被胡适所影响，专心学好文言文。即使如此，听他课的学生人数仍在一天天减少，连他曾最为器重的学生傅斯年都被胡适的言论所征服，毅然站到自己的对立阵营，这让黄侃大为恼火。

胡适虽然学历高，又是北京大学的教授，可身上没有一点架子。胡适年长傅斯年仅 5 岁，深感傅斯年国学基础之扎实，有时还会向傅斯年请教，令其受宠若惊。傅斯年与胡适的关系日益交好，以至熟悉傅斯年的人都知道，在傅斯年面前，可对他本人或思想进行指责或批判，却千万不能指责批判胡适，否则必遭怒斥。

自从在顾颉刚的推荐下认识了胡适，并在课堂上对胡适"试探"后，傅斯年便认定胡适是一位了不起的老师，开始接受他的哲学思想，两人的关系也因此一天比一天密切。

蔡元培对校园的"打开"和对文化的"包容"，为傅斯年提供了一个解放思想的有利环境，胡适则将傅斯年从传统国学阵营带进新文化阵营，让其进一步体会到解放思想的重要性。从此，提倡民主、科学的思想便在傅斯年的头脑中扎了根。

5. 文学革命，自由青年

花开花落间，季节交替；日升日落间，除旧迎新。当傅斯年那批民国大师级的人物越发成熟时，他们便让身处的环境发生了变化。

学年更迭，北京大学的校园里新人增补，整个校园氛围也与从前大相径庭，再难听到清一色陈腐守旧的授课，也难见一出校园就直奔"八大胡同"的老师，更无成天聚集在一起、只知闲侃日后谁登仕途、谁敛巨富的学生。因为蔡元培的功劳，北京大学的校园干净了、积极了、健康了、民主了，学术氛围更浓了。

北京大学校园中民主的一个重要体现在于，红楼里出现了两个讲坛——聚集着众多"海归派"的"群言堂"和聚集着众多老教授的"饱天堂"。两个讲坛都是供人各抒己见、畅所欲言之所，只不过侧重的话题有所不同："群言堂"里因具有新思想的人占多数，所以侧重讨论思想解放、时事政治、天下大事等；"饱天堂"里因具有传统思想的居多，故此侧重讨论国学和传统文学方面的内容。

两个讲坛每周末开设一次，对参加的人不设限制，于是常有一些学生前去旁听，并在听到兴起时参与到讨论中。傅斯年喜学喜辩，虽已崇尚新文化，也并没有完全放弃传统学识，有时会去"群言堂"，有时会去"饱天堂"，两个讲坛分时间各去一次，让自己穿梭于传统与先进的思想之间，不偏不倚。

这样的讲坛在当时的中国颇为罕见。早些时候，学生和老师的界限是明确的，学生必须听从老师的讲解和传授，不能擅自质疑其意见和理论，更不可直接否定老师，与老师发生争执。而北京大学自从开设了这两个讲坛，学校内便不再有明显的身份之分，学生们应当对老师尊敬，却也可以适当地表达个人观点，不需碍于身份将自己的见解藏于心底。

在两个讲坛中，学生可同教授们一样，畅谈自己对社会、政治、文化、习俗等的看法。傅斯年通过参加讲坛，听到了具有先进思想的人对旧思想的搏击，看到了平日在讲台上温文尔雅的教授们争得面红耳赤的样子，也感受到了文学革命的重要性。

傅斯年喜欢这样的活动，也喜欢这样自由的氛围，于他而言，能尽情将心中的想法释放出来，那是多么畅快淋漓的一件事！他无视其他人的眼光和口吻，大声抨击他眼中那些落后的旧俗，并对他支持的观点赞成、宣扬。每每尽抒己见，他都感到由内而外的舒畅。

校内的论坛让傅斯年第一次亲身感受到民主自由带来的好处。在这样的氛围中，他开始投身于新文化运动。

1918 年，傅斯年在《新青年》杂志上发表了一篇名为《文学革新申议》的文章，对胡适提出的创造"活的文学，即国语的文学"的号召做出响应。这是他在《新青年》上发表的第一篇文章，也是他参加新文化运动的开始。之后，他又在《新青年》上发表了《文言合一草议》和《中国学术思想之基本误谬》，这两篇文章让他瞬间成为学生中的风云人物，登顶时代浪尖。

《新青年》是陈独秀于 1915 年 9 月创办的一份提倡"民主、科学"的革命杂志，原名《青年》，次年 9 月更名为《新青年》。陈独秀在创刊时便立旨于"改造青年之思想，辅导青年之修养"。他在发刊词《敬告青年》中指出，想要实现社会改革，一定要提高新一代青年们的觉悟，更新新一代青年们的观念，让青年们学会用开放的眼光看世界，接受来自外界的自由、进步和科学。

1917 年，陈独秀受蔡元培聘请，担任北京大学的文科学长，并将《新青年》杂志社一并带入了北京大学的校园。从此，《新青年》便如一阵春风般，将新文化和新思想吹遍了北京大学校园，吹醒了无数学生半僵之心。

傅斯年也是这些学生中的一员，读过《新青年》之后，内心生出些许对新文化、新思想的渴求，他顿觉自己不应再如此沉浸于干枯单调的古代文学中，应有更远大的目标。

提倡白话文学，实行"文言合一"是新文化运动的主要内容之一。《新青年》从第四卷开始刊登由白话文写成的新诗，并采用新的标点符号。虽然许多讨论如何进行文学改革的文章仍是用书面语写成，但也有各种各样的白话文作品先后涌现在刊物上。

在《新青年》中，能够读到许多鼓励白话文改革的文章。为了促进文学改革，《新青年》还在每一期刊物上都刊登了有关西方文学的译文介绍，希望青年们能借此介绍对西方的文学产生一定的认识和了解。在《文学革新申议》中，傅斯年指出，中国已经从闭关锁国的状态中解脱出来，并且引入了欧洲的文化，所以若是欧洲文学作品中存在一些中国文学中不曾具有的优点，中国文学应予以采纳。

对于文学改革，傅斯年的感情一直是强烈的。他不赞同文学死板僵化，一成不变，而应随社会变迁而变迁，并应尊重科学。他在文章中写道："违反科学之文学，势不能容；利用科学之文学，理必孳育。这些违背科学的死文学，必须铲除；文学革命是天演公理，非人力所能递从者矣！"一字一句犹如心中迸发出的强烈呐喊，可昭其弘扬新文学之心！

志同者思繁。傅斯年与胡适的接触越频繁，其思想与其越同步。胡适曾提出"文学革命须从八事入手……一曰不用典；二曰不用陈套语；三曰不讲对仗；四曰不避俗字俗词；五曰须讲求文法之结构；六曰不作无病之呻吟；七曰不模仿古人；八曰须言之有物。"傅斯年便指出："时会所演，从风者多矣。蒙以为此个问题，含有两面。其一，对于过去文学之信仰心，加以破坏。其二，对于未来文学之建设加以精密之研究。"这两点无不与胡适的观点遥相呼应。

傅斯年性情霸气，用词也总是力度十足，他对旧的文学进行批判，也对旧的思想进行批判。他认为，文学和政治、社会、风俗一样，都是人类的精神产物，没有先进的思想，就无法推广新的文学。而作为文学革命的先驱者，若不能带头发表新文学作品，只是一味用老旧的腔调唱新曲，那革命就没有什么实际意义了。

　　傅斯年在《文言全一草议》中指出十条建议：

　　代名词全用白话，用"你、我、他"代替"汝、吾、若"；

　　介词位词全用白话；

　　感叹词全用白话；

　　助词全用白话；

　　名词和作状语的动词都用白话；

　　白话中没有能够代替的文言，或换作白话可能产生意思混淆的方言，不能用白话；

　　改用白话后不足以突出词语力度的，不能用白话；

　　为了便于理解，如果二字词和一字词都能表达同一意思时，无论哪一种为白话，都留二字词舍一字词；

　　一些俗语在表达上颇有力度，应该保留；

　　用白话比较简单而用文言说比较复杂的事情，要用白话表达。

　　就读北京大学本科的这些年里，傅斯年很少上课，大多数时间都泡在图书馆，阅读各种书籍。他学业出众，时常能提出许多教授回答不出的问题，或者在课上指出其他老师的错误，故此许多老师都希望他不去上课，免得被他问倒，丧尽颜面。若做个小结，可说傅斯年的大学生涯的收获，并非是学识得到增加，而是思想得以拓展，眼界得以开阔。

　　自然，黄侃对他国学方面的浇筑不可忽略，胡适对他新思想的引领不能忽略，陈独秀、李大钊等人也对傅斯年产生了一定程度的影响，令其紧随时代步伐，一步步走向另一个领域——新文学、新文化的领域。

　　傅斯年自有思路，其致力于将新文学变成反映现实、揭露社会黑暗、批判人们在黑暗中受到的摧残的工具。

　　文学革命，是傅斯年一生中接触的第一次革命。这是一场没有硝烟和伤亡的革命，不需要肢体的打斗，却需要精神的抗争。在这场革命中，他接收到的是新思想、新文化的洗礼。

　　在北京大学的 6 年学习生涯中，傅斯年的思想发生了巨化。在这之前，他还只是一名继承并发扬传统价值观的少年，对新知新学有一些好奇和向往，而这之后，他已然成为一名崇尚科学、民主和自由的新青年。

第三章　同学少年，意气风发

1.　除旧布新，大显锋芒

绳锯木断，水滴石穿。思想的变迁不源于一时一刻的冲动，而是朝夕的熏陶。往往，人的思想会在不知不觉中发生变化，而不见得有所明显表现。当变化已浮现眼前时，已是深入骨髓，不可更改了。

《新青年》对傅斯年的影响极其重大，却不是唯一让傅斯年学到新思想的刊物。各类与新文学、新文化相关的英文原著也是打开傅斯年思想大门的钥匙。

北京大学重视学生对外语的学习和掌握，傅斯年入校后，苦学英文，终练就了阅读英文原著的本领。在一本本西方原著中，他接触到更多西方的理念，这些理念让他彻底远离了传统国学的老路。

翻译过的文章，即使翻译得再生动、再贴近，也难以将作者的思想尽露无遗。翻译者总有他们自己的想法和理解，有时，为了便于表达，他们会将一些词语或话语用自己的理解、自己的语序呈现出来，如此，虽未使得内容与原著发生太大区别，所表达的感情和语气强度却大变模样。

自从能自如阅读外文原著后，傅斯年便深切地感受到西方语言的魅力，以及那些独特的表述方式，他对外文原著的痴迷一发不可收拾，且逐日愈甚，一接触到外文原著，便会如饥似渴地阅读。遗憾的是，当时条件有限，学校图书馆的藏书很快便不能满足傅斯年的渴求。思来想去，他找到一条新路：他请日本的一家株式会社帮他进行英文图书的代购。

当时的代购自然不如现在普遍，也没有现在方便。每次，日本的株式会社都会根据傅斯年的喜好选好书，然后寄到邮局，再由邮局代为收取书费。在"一战"的影响下，外汇相对便宜，书费也不算太贵，可买得多了，也是一笔高额开销，傅斯年为此颇为头疼。

后来，傅斯年结识了几位与他同样喜好外文书籍的同学，与他们约好，将彼此的书交换阅读，以节省购书的钱。这个办法不错，能最大限度节约资金，并有效进行资源共享。可钱总会花完，又恰逢邮局刚进了他们需要的书，无奈之下，众人只能掐表度日，等下一次的生活费一到手，才能再度"奢侈"。

等待新书的日子最是折磨人，而读到新书后的感觉则无比痛快。傅斯年迫不及待地翻阅着每一本外文书，在书中接触到了杜威的实用主义哲学，这是他早在胡适那里首次触碰的，而今自己可以一睹庐山真面目了，心里感觉自不一样。

他还接触到了达尔文的进化论，了解到世间万物都要遵循的"物竞天择"的规律；也拜读了马克思的唯物主义哲学及社会革命的学说，对此他慢慢有了自己的认识。

　　傅斯年在阅读外文书籍时，不只为开阔视野，他主要是将所接触到的知识灵活地运用到自己的生活和学问中。如此活学活用，也自然能解释他的思想中为何随处可见一些西方文化的影子了。他在后来研究史语时提出"让史料自己来说话"的主张，即是借鉴了西方的实证主义史学。

　　傅斯年在阅读西方原著的过程中，意识到许多之前未曾意识到的问题。预科期间，他在一本名为《十九世纪与其后》的英国杂志中看到一篇描写"东方文明"的文章，文章的作者是一个外国人，对东方文明的评价颇低，认为"亚细亚文明远不及希腊文明和罗马文明"，并声称东方永远不可能产出享誉世界的文明。初读这篇文章时，傅斯年不敢苟同，认为对方诬陷东方文明。而在大学期间再想起这篇文章时，心中却有了些许认同。

　　傅斯年开始感觉到，西方文明的进步，源自其发现了文明中的根本问题，且及时更正和消除，而在国内，根源上的问题不解决，只懂做表面功夫，又何谈真正的文明呢？于是，各种谬误层出不穷，此消彼长。

　　自古以来，中国的儒家文化主要以传承的方式为主。人们将孔子的理念置于不可动摇的地位，视其为唯一正统文化，并将之传承给一代又一代人。这种方式类似于封建统治，君主在上，其他人等不得有反驳之心，一旦发现有人存异心，必遭惩戒。

　　文化不同于政治，不存在具体的惩戒形式，却也要求严格，时间一长，人们在头脑中便养成了遵循古训，不得变更的习惯。将皇帝的话当作圣旨，将孔子的理念当成圣旨，都是对人而不对事的表现。

　　人们崇尚儒家文化，即是崇尚孔子的理念。称孔子为"孔圣人"，在各地修建孔子庙和孔子的雕像，对其祭拜，这些行为都不过是针对一个人而产生的，而非产生于一种学术。西方的情况则完全不同。人们在谈论进化论的时候，无论是否认可这一观点，言辞中皆不会对达尔文本人评头论足；在提倡唯物哲学主义时，也不会对马克思本人产生额外情感。他们更习惯于就事论事，这也逐渐成为傅斯年性格中的一个特质。

在 1918 年发表的《中国学术思想界之基本误谬》中，傅斯年指出，中国的学术"以学为单位者少，以人为单位者转多"，西方的学术以科学为主，中国的学术则以人为主，比如遵循孔孟之道，便只学孔孟的思想和学问，至于孔孟不曾提及的，便不闻不问。他会这样说，是因为他自己本就研习了多年的儒家学说，今时接触到西方的各种思想学说，颇感往日的自己思想之闭塞、心思之愚钝。

是时，傅斯年从国学大师的高徒转身成为一名拥护文学革命的前锋，对当时中国学术界存在的根本问题进行了强烈批判，指出中国人过于墨守成规，以至不愿、不肯、不敢对先人的理念发出质疑和反驳，如此一来，也不可能接收到外来优秀的、先进的思想。

在他看来，中国学术界的氛围让中国人失去了学习新思想、新文化的机会，没了灵魂，只剩下躯壳。

在旧社会，关于文学和文化的声音是单一的，偶尔出现几种不同的声音，会立刻遭到各方的打压或禁止。即使能侥幸"存活"，最后也仍不能成为主流，且一不小心就会走上偏离原意的道路。

"余尝谥中国政治、宗教、学术、文学以恶号，闻者多怒其狂悖。就余良心裁判，虽不免措辞稍激，要非全无所谓。请道其谥，兼陈其旨，则'教皇政治'、'方士宗教'、'阴阳学术'、'偈咒文学’是也。"

傅斯年对学术有一针见血之阐述，文人莫不生畏的政治、宗教，他也一同捆绑刀切，大有快刀斩乱麻的意味。他将国内所有问题的根源，归结于中国不能真正放开思想，不能去除旧思想中的"糟粕"，如此故步自封，自然会将外来新思想阻挡在大门之外的。

先进之人有先进之思，即便环境再旧，亦能除旧布新。傅斯年对西方先进思想的汲取愈丰，对国内所存的一些腐朽思想文化的忧心之状愈烈。他若不是有着极高的觉悟和念头，断然写不出这样言辞犀利的文章，而若不能敞开心扉，完全接纳外来文化，对其产生正确的理解，也就必然无法结合国内当时的状况提出合理的解决方案。

作为一名学生，能够在《新青年》上连续发表文章自是非同凡响的，傅斯年的同学对其无不羡慕、称赞。傅斯年本就是学校名人，所有人都晓得他学习成绩优异、见解独特，先后师从国学大师和新文化的提倡者，且极受校长的器重，故而对他在《新青年》上不断畅所欲言并无过分惊讶。令他们震惊的是，傅斯年在文中所表达出的观点和气势。如此心怀救国之念头的学生，也让不少老师汗颜。胡适等教授看了傅斯年的撰文，对其评价再上台阶。

一番精神熏染后，此时的傅斯年与刚入大学相比已判若两人。从国学大师的高徒到文学革命斗士的转变，使他的心中开启了一道大门，引着他向更高一层的精神世界飞奔。

傅斯年的同学们如此评价他："孟真（傅斯年字孟真）有徘徊歧路的资格，可是有革命性，有近代头脑的孟真，决不徘徊歧路，竟一跃而投身文学革命的阵营了。以后文学革命的旗帜，因得孟真而大张。"

有大成就者必然有大承担，傅斯年已然成了同学们心中的主心骨，这也是他能在之后的学生运动中起决定性作用的原因。那些传播新思想、批判旧思想的文章，让他在同学中树立了威信，让"傅斯年"这三个字成了学生界的指路明灯。

2.《新潮》澎湃，志趣相投

西方文化的优势，在于破除规矩，不按常理，只循万事本真。傅斯年以国学为基础，接受了先进思想的洗礼，学识增长了，眼界开阔了，可他心里却总觉得好像缺了点什么。几番思忖，他恍然大悟——"学生必须有自动的生活，办有组织的事件"，这样才不至于枉费了所学和所想，否则，一切都只是空想，纸上谈兵，没有实际意义。

1918 年，傅斯年的实干精神更有了用武之地。当时的北京大学校园中，各种各样的社团呈现燎原之势。这些团体不时在校园中举行集会或发表演讲，安静的校园一下子热闹极了。红楼的建成也为学生和老师们提供了开展座谈会的聚集地，一时间，这里成了北京大学校园中的新思想运动中心。

除了各种学生社团，老师们也不甘示弱，开始创办各种会社进行演讲。李大钊和陈独秀到处进行以宣传马列主义为主要内容的演讲；蔡元培创办了"进德会"，旨在消除学生和老师当中糜烂的生活习惯和堕落的思想；李大钊创办了"少年中国学会"，将一些有志的进步青年聚集在一起，致力将"少年中国学会"打造成盛产思想进步、有益社会的少年的地方……眼看着各种活动如火如荼地进行着，继预科之后，傅斯年的脑中又一次有了办社的念头。

傅斯年先与好友罗家伦商量了此事。罗家伦比他小一岁，与他同为胡适的学生，却不是因学习成绩优异而被胡适收入门下。据说，罗家伦除了作文，其他学科的成绩实在差强人意，胡适不落窠臼，看中了他擅长作文这点，极力说服蔡元培收下这个学生。罗家伦就读的是北京大学英语系，主修英国文学，与傅斯年一同痴迷外文书籍，进行交换阅读的人中就有他一个。

罗家伦是浙江人，体型清瘦，一眼望去属典型的江南才子。和大多数江南人一样，他性格温和，善解人意，为人随和，极少动怒，即使生气也从不失风度和文雅。

傅斯年脾气火爆，生性刚烈，又极重视个性的自由发展，故此面对温文尔雅的罗家伦，但凡有意见不合，他也会与对方大吵一通。吵归吵，二人感情却从未伤过，反倒越吵越好。有时，即使脾气再温和，罗家伦也会因傅斯年的不可一世与其针锋相对，两人几乎大打出手，到最后，罗家伦又总能用一句幽默化解彼此冲突，令傅斯年诚心地向他道歉。

在计划办社前，傅斯年与其商议："家伦，咱俩不能光用人家的锅蒸自己的馒头，咱得另立炉灶，自己也办一个刊物。"罗家伦点头应允。之后，傅斯年又将办社的念头与顾颉刚、毛子水、康白情等几位好友商量，好友们也都表示赞成。如此，傅斯年于1918年秋决定创建新潮社。在第一次筹备会上，傅斯年与大家商量，最后将《新潮》定为他们即将创办的刊物的名字。

办社要有领头人，他们选徐彦之为代表，将这一决定上报给学校。徐彦之找到当时的文科学长陈独秀，汇报了他们的打算。陈独秀听后，提出了反对意见，他知道傅斯年是黄侃最知名的弟子，而黄侃是出了名的"守旧派"，对新文学极其排斥、反对。

他想，如今傅斯年提出这个打算，难保他不是为黄侃打探消息而来，也难保他日后不会做出一些阻碍新文学运动进行的事。他也曾担心，傅斯年嘴上是说要办《新潮》，其实是想借此打击《新青年》在学生当中的地位，降低《新青年》的影响力。

陈独秀瞒着自己的心思，未对徐彦之吐露实情，只说他不同意。徐彦之为此大觉可惜，可也无计可施，只得败兴而归，将事情如实转告给傅斯年。

傅斯年清楚，陈独秀是因对自己心存怀疑而拒绝接纳《新潮》，既无奈又遗憾。诚然，他是黄侃最得意的门生，但早已成为胡适的忠实追随者，也早将发展新文学视为己任。因此他得另想办法办社。

傅斯年是聪明人，晓得陈独秀的忧心无外乎自己"黄门侍郎"的名声太大，纵使自己亲自向陈独秀解释，他也未必会信，最后，傅斯年改变打法，求助于胡适，请其代为解释。

胡适豁达，听说这一事后立刻找到陈独秀，细说了傅斯年与他之间的一些事，并向陈独秀担保，傅斯年确实是一名崇尚新文学、新文化的进步青年，思想上绝对没有一点守旧。几番周折，事情算是有解了。陈独秀最终同意将傅斯年的《新潮》上报给学校。

蔡元培对傅斯年的《新潮》表现出极大的支持，不但支持，还特地拨出了一笔创刊费用，让他们只管大胆去办就是。李大钊一样支持傅斯年办社，并在图书馆内为他们设立了一间编辑室。

搞定了这件事，傅斯年兴奋极了，如情侣般抱起罗家伦高兴地转圈，一边转圈一边喊着："陈先生支持我们，陈先生和我们在一起！"高大的傅斯年身强力壮，瘦瘦的罗家伦被他转得头晕，却也打心底里为他开心。

成立之前，傅斯年向蔡元培"讨"了一副楹联，蔡元培便写下"山平水远苍茫外，天翻地覆指颐间"送给了傅斯年。傅斯年如获至宝般将这副楹联挂了起来，他从这两句话中也看到了蔡元培对他的厚爱，决心不负所望办好《新潮》。

傅斯年是个敢想敢做、雷厉风行的人，一旦决定要做的事，便全力以赴，更何况得到了学校的支持。办刊开始时，傅斯年每日四处奔走，收拾屋子，准备材料，甚至都来不及喝口水，可他乐在其中。

1918年10月13日，"新潮"召开了第一次预备会，定下了刊物的性质及创刊的三要素。"新潮"这个名字是罗家伦取的，英语专业的他指出，"新潮"其名取自于英文的"文艺复兴"，寓意着刊物的目标和主旨。

12月，新潮社创办成功，傅斯年当仁不让地成了总编辑，而他的老师兼好友胡适，则成了刊物的总顾问。次年1月，《新潮》杂志第一次与大家见面。傅斯年在首刊上发表了一篇名为《〈新潮〉发刊旨趣书》的介绍杂志创办宗旨的文章，他在文章中提出中国人有四件必须知道的事，一是"今日世界文化至于何阶级"，二是"现代思潮本何趣向而行"，三是"中国情状去现代思潮辽阔之度如何"，四是"何以方术纳中国于思潮之轨"。

《新潮》的确够新，增长了当时学生的见闻，它是一个不同于《新青年》的传播新思想的杂志。《新青年》所面对的读者群主要是一些年长之人及文化批评家，这些人层次较高，思想较成熟。《新潮》则把受众定位在在校大学生及中学毕业的人，这些人层次相对较低，可却正处于最容易吸收新思想的年纪，一旦获取崭新且庞大的能量，未来之路即不可预想。

傅斯年将《新潮》定位于一本能协助中学毕业生脱离精神上

的束缚，开阔视野的杂志。他觉得这些人受旧思维的影响最大、最深，是一种很危险的现象。他希望改变这种现象，帮助他们替换脑海中的"污浊之气"，继而引导他们进入一个全新的世界。

健康、先进的思想文化是《新潮》唯一宣传的，而且用这种思想文化影响社会和年轻的一代，更成为他自己和《新潮》的责任。

激情、热血，它们是年轻人与生俱来的天性、标签，当环境中出现引发他们激情与热血的因素，那份躁动与不安便会随之沸腾翻滚起来。傅斯年的热情点燃了与他一同办社的好友们的心中之火。

《新潮》刚刚创办之时，成员共有 21 名，主修专业各异。编辑 3 人，分别是傅斯年、罗家伦和杨振声。干事 3 人，分别是徐彦之、康白情和俞平伯。其他 15 人虽未担任主要职务，却也都兢兢业业地为《新潮》撰写稿件，与旧思想展开无声的斗争。

毕业后，从新潮社走出的许多人都成了著名的史学家、政治家、哲学家、语言学家等。罗家伦成了近代著名的教育家、思想家、社会活动家，并担任过南京大学和清华大学的校长；杨振声担任过国内数所知名大学的教授和文学院院长，且在新中国成立后出任过北京市文联创作部部长；徐彦之在后期加入过"抗日救国会"，还曾在山东省内各地代课，许多爱国反帝人士都是由他培养出的；康白情成了著名的新诗人，担任多所大学的文学系教授；俞平伯不但是著名文学研究家、诗人、作家，还是中国著名红学家之一。

傅斯年不是第一次办社，也不是第一次创刊，可如此大规模创办思想刊物的确是第一次。显而易见，他做得十分出色。

他们有了自己的编辑室，有了李辛白专门为他们联系的印刷部门和发行部门，有了胡适这样学识思想都走在前列的顾问，这些无一不让他看到了希望。晚冬的风依然寒冷，阳光却明亮耀眼。站在风中，站在阳光下，傅斯年仿佛看到了《新潮》的未来，也看到了青年人的未来。

《新潮》是傅斯年从研究学术到关注社会的转折点，《新潮》所关注的问题，不但包括学术改革，还包括如何通过学术改革对社会产生影响，最终实现对社会的改革。从这时起，傅斯年的内心发生了进一步的根本性变化。

3. 激进之行，刷新旧念

在新旧思想交织的边缘时代，到底如何摆正态度，取决于内心的方向所指。傅斯年习国学出身，知大理、晓大义，不因助己之基成羁绊后裹足，他的内心渴望新知。于是，其精神上的"新芽"开始萌发了。

《新潮》第一期深受好评，供不应求，又加印了 4 次，最后达到了 13000 册的发行量，这在当时可算得上奇迹。谁也没有预料到，这样一个在大学校园里创办起的杂志，竟能在校园内外均获成功，且极具反响。

读者们的来信如雪片般飞向杂志社，大家整日忙于拆信、读信、回信，不亦乐乎。一些读者在信中表示，他们非常佩服创刊者的宗旨和主张，《新潮》让他们受到了极大鼓舞，心中那份沉睡了多年的情感和认识瞬间苏醒，他们真心希望杂志越办越好，更愿与新潮社的成员们一起努力，革新思想，期待文学革命的胜利。信纸单薄，寄托无限，傅斯年的心中涌上一股前所未有的欣慰和成就感。

任何时间、任何地点，有赞成就有反对。信纸中也不全然是溢满之词，质疑和挑剔的话语依然存在。蔡元培有时也会参与给读者回信的工作，在看到一名读者的疑惑后便回复了这样一段文字："《新潮》既以介绍新锐为旨，自不必专徇末节之流波……元培自必勉以敬慎将事，以副感情。"

的确，杂志初创，难免有不足和令人误解之处，时间久了，自然能看到其中的真情实感。此可见蔡元培对《新潮》的支持和爱护。

傅斯年注重在《新潮》中提倡新的道德观和新的文学理念。平日，他经常与《新潮》的伙伴们在他的宿舍讨论时事，研究如何才能让更多的人接受新思想，以及在接下来的刊物中应刊登哪些类型的文章。他们从时政谈到人物，从人物谈到学术，又从学术逐渐外延，每次都聊得热火朝天，忘了时间，忘了自我。

参与讨论的人皆是《新潮》杂志社的主要参与者，每个人都有新思想、新见解，可面对傅斯年，他们的想法颇有"小巫见大巫"之味。原因在于，傅斯年总能挑出其他人想法中的不足，令对方心悦诚服，他不是自显，而是觉得责无旁贷。

傅斯年提倡批判旧文学，反对文言文，气势猛烈，语气尖锐，言辞凶猛，整个杂志中的文章风格也带有着他的个人特质。读者们在阅读《新潮》的文章里，都能从字里行间中嗅到浓浓的"火药味"。

傅斯年努力推广新文学的同时，仍有一大批桐城派文学的拥护者在努力维护着旧文学。桐城派是一种古代散文流派，诞生于清朝康熙年间，由方苞创立。方苞是桐城人，且早期的大多数作家都是桐城人，故此这个文学派别被称为"桐城派"。桐城派的文章多以宣传儒家思想为主，这一派的作家注重文风简洁，不堆辞藻，"阐道翼教"，文笔极佳。

桐城派的文学在清朝年间广为流传，人人争相效仿。而在傅斯年看来，此派文风虽清丽华美，却无真正的意义，是一种只重形式、不重实质的文体，对人生的进步和社会的发展起不到丝毫作用。何况，桐城派所倡导的是一种适应清朝统治者的思想，这对振兴民族、传播新文化更是百害而无一利。

桐城派兴盛于乾隆年间，一时间在全国各地产生了重要影响，并渐渐成为当时最大的古文流派，要推翻如此根深蒂固的古文流派，傅斯年深感任务艰巨。

不放弃，不退缩，傅斯年迎难而上。他曾用"富于思想者，思力不可见；博于学问者，学问无由彰；长于情性者，情感无所用；精于条理者，条理不能常"来形容支持桐城派的人，他将桐城派提倡的文学划入了"死文学"的范畴，并誓将"斩除"一切"死文学"，让"活文学"遍布整个中国大地。

傅斯年一边高呼着"文学革命是天演公理，非人力所能递从者矣"，一边加强《新潮》的力度和覆盖面，将《新潮》发展成为一本全国发行的刊物。傅斯年在《新潮》中发表的文章越来越具有针对性，不断提倡要反对帝国主义，反对封建制度，反对旧的文化，同时也不时进行一些演讲，以"车轮战"之势向众人灌输新文化的好处和必要性。

他感到自己的身体里涌现出源源不断的力量，随着活动越来越深入，他所表达出的感情也越来越强烈。

傅斯年"反古"反得很过瘾，支持者们额手相庆，可有些人却愁眉不展。

蔡元培主张校园内百花齐放，各种学术并存，所以北京大学中一直持续着新旧两派并存的情况。陈独秀、胡适、李大钊等人都是新派的老师，黄侃、刘师培、陈汉章等章太炎的学生都是旧派的老师。新派之师眼见傅斯年一路凯歌而进，自然是喜的，旧派之师却大为恼火，其中尤以傅斯年曾经的老师黄侃为甚。

黄侃曾因反对新文化运动在课上大骂胡适，可他没想到，还是有越来越多的学生不再听他的课，就连他最高看一眼的爱徒傅斯年都站到了胡适那边，且成了提倡新文化运动学生中的带头人。

看着傅斯年主办的《新潮》在学生当中有着越来越大的影响力，黄侃又失望、又生气、又心痛。他与其他拥护旧思想的老师们也创办了一本刊物，名为《国故》，顾名思义，其上刊登的文章都以推崇儒家思想，反对白话文和新文化运动为主。然而，这本《国故》并没有对《新潮》构成什么威胁，仍有越来越多的学生对《新潮》爱不释手。黄侃的此次"围剿"，自然以失败告终。

脑海中不断翻腾着各种想法，心里不断涌现出各种感悟，傅斯年感到，若自己不把这些想法和感悟表达出来，绝对是对思想的浪费。他挥笔不停，在半年多时间里写出了40多篇文章，其中一些是对世界黑暗面的抨击，一些是对哲学科学的提倡，一些是对封建伦理道德的谴责，一些是对旧文学的批判。任何一篇文章拿出来，都可称得上是经典之作。

值得一提的是，尽管傅斯年如此大搞"副业"、忙于宣传，却未影响学业，他的成绩仍名列前茅，令众师生佩服万分。

有人说，疯子与天才只有一线之隔，不知是不是激情澎湃的人都会一不小心成为人们口中的"疯子"。傅斯年对那些"疯子"们总会产生特别的感情，以前专心修国学时，他所追随的章太炎就被人冠以"章疯子"的称号，如今爱上了新文化，他又开始提倡向国外的"疯子"们学习，尼采、布鲁诺、托尔斯泰都成为他所崇尚的人。他崇尚他们，源于他们热爱自由，为了追求自由解放不惜付出任何代价。

傅斯年觉得，"疯子"们虽然行事表现疯狂，却并非失去对真理的认识、判断和追求，他们有着超人一层的思想，有着比寻常人更真挚的感情，"对于社会有一个透彻的见解，因而对于人生有一个透彻的觉悟"，所以，他们才能毅然决然地行动，做出许多循规蹈矩的寻常人所做不出之事。"疯子"们令许多人可望而不可即，因为"疯子"们早已经脱离了世间习俗的拘束，在他们心中，只有真理才最重要。

傅斯年特别渴望国内也能多出现几个这样的"疯子"，届时新文化运动便可大刀阔斧地开展起来，这个社会中黑暗的一角也终将暴露，藏在社会光鲜表面下的脓疮即可被挤出来，社会才能真正健康。

大思想，大作为。傅斯年不但自己写，也鼓励其他学生多写一些有新锐思想的文章，并将优秀篇章一一发表在《新潮》上。他宛若一位文化革命中的导师，一边自己做，一边指导着学生们与他一起，用笔杆毁坏封建思想织成的大网。

彼时，气盛血张的傅斯年在思想上有些激进了，但这并不能抹杀他在新文化运动中所起到的正面作用。从另一角度来看，当时的社会中，封建思想顽固不化，温和的做法虽略有成效，却也如隔靴搔痒，很难动摇这些思想。不温不火之际，傅斯年这个每日挥舞着新文化大旗、高喊着要除掉旧习旧思想旧文化口号的"激进"之士，恰如一柄利剑，刺穿了迂腐的脊梁！

傅斯年的《新潮》推动了新文学、新思想的普及，加速了新文化运动的开展，他力求通过这些事情让中国文学真正活起来，让中国人的思想真正活起来，让中国人真正活起来。从结果上看，他确实做到了。

4. 五四运动，指挥大局

春风绿了树叶，藤萝的架子上不再寂寞、空荡。满园春色映入眼帘，一派欣欣向荣之景，一如《新潮》之新。

《新潮》办得越来越好，傅斯年内心欢喜，却并不满足。他不断寻求能让《新潮》羽翼更丰的办法，分别写信给蔡元培和鲁迅，希望能从两位前辈那里得到一些指点和帮助。

鲁迅生于富裕之家，祖父曾在清朝为官，他从小有机会受到最好的传统教育。无奈后期家道中落，祖父因科场舞弊入狱，12岁的鲁迅和祖父一同身陷囹圄，过早看尽了人情冷暖。16岁，父亲因病不治而去世，鲁迅便立志学医，想要以医药救人。然而在日本留学的过程中，他意识到真正能救人的"药"并非医身体的药，而是医思想的药，于是断然弃医从文，投身于思想革命。

1918年5月，鲁迅的"思想刀子"磨得铮亮——他在《新青年》上发表了一篇名为《狂人日记》的白话小说，这是中国近代文学史上出现的第一篇白话小说。傅斯年读过后，感受颇深。他觉得鲁迅一定能为自己的杂志提出有价值的建议，随即写信给鲁迅，说明缘由。

几天后，傅斯年像平日一样去收发室取信，没想到其中竟有一封鲁迅给他的回信，兴奋之际，急忙拆开，捧在手中阅读。鲁迅在回信中字字深刻，信读到一半时，傅斯年已经按捺不住心中的激动，他一定要找人与他分享此刻的心情，连奔带跑地出了收发室，跑到后院去找罗家伦。

"家伦，家伦！周先生来信了！"傅斯年看到坐在水池边读书的罗家伦，一边喊一边朝他跑去，手中不停地挥舞着读到一半的信，好像挥舞着一面旗帜。罗家伦听说是鲁迅的来信，也激动不已，几乎要一把抢过信来细读。

鲁迅在信中说，《新潮》中可以刊登一些针对中国现有毛病进行批评的科学文，但不要多，每一本书中一篇至两篇足够，至于诗歌，应该在风格上作以调整，不要全是写景叙事的诗，如果条件允许，最好也放几篇翻译国外的诗作……

两个年轻人就这样站在水池边看完了鲁迅的来信。看罢，心情久久未平。鲁迅在信中之言字字珠玑，文字间流露出支持与关怀，罗家伦提议立刻给鲁迅回信以表感谢，傅斯年点头答应。

若说鲁迅的文字是插入敌人胸膛的刀子，那么傅斯年所表现出的刚硬与火爆，也毫不逊色于锐利刀锋！他在回信中言辞恳切，称作为学生的他们在文学革命的道路上有时会力所不及，但他们愿意尽自己的一切力量去唤醒沉睡中的人们，虽然很多人认为，像他们这样羽翼未满就想着要影响社会的做法是"胆大妄为"，可这"胆大妄为"正是他们的长处。

傅斯年一直记得在天津读书时，侯延塽对他说过的话——"我们必须创造一个少年之中国！"那时他还小，对这句话的理解十分有限。如今，他已是一名血气方刚的青年，有了成熟的思想，也终于明白当时大哥口中所言的意义，也更加坚定地想要创造一个"少年之中国"。

想要创造"少年之中国"，首先要唤醒少年们的责任心，之后让他们展示出才能，以为社会所用。傅斯年想清楚了这一因果程序，便要在根源上下功夫。他想到，实现目的的方法只有一个——去除少年们脑中的旧思想、旧观念。

少年强，则国强。少年如何强？对症才能下药。

古往今来那些立志救国者，总能看清时局，有的放矢。傅斯年清楚看到当世社会中的确不乏"小时了了"之人，正如胡适对他提及过的，在美国的大学里，除了犹太学生，中国学生的学习是最好的。而一回国，那些优秀生就变得"泯然众人矣"，究其原因，并非是他们的才华有所下降，而是缺少责任心，醉心于物质上的享受。

傅斯年要做的，即是借用《新潮》激发少年们的责任心，让他们体会到，传播新思想、新文化义不容辞，不分年龄，无关性别。

彼时，《新青年》和《新潮》都是新兴社会力量的主要领地，它们在学生们心中种下了民主和科学的种子，激发了他们的爱国热情。

在两本杂志的影响下，越来越多的学生燃起爱国之火，当他们听闻巴黎和会上，中国提出的"列强应取消在华特权，并归还中国在日本手中的领土"的要求被拒时，裹挟着民族情怀的愤怒爆发了！

傅斯年得知这一消息后更是气愤，他早知当时的军阀无能，却没想到竟无能到如此地步。中国明明是战胜国，却要把自己的领土拱手于人，是可忍孰不可忍！更何况，要送出的领土是他的家乡山东。

傅斯年找到罗家伦和段锡鹏，向他们表达了自己的愤怒，罗、段二人听了也深有同感，所以当傅斯年提出要组织一场游行时，二人均表赞同。

1919年5月2日晨，报纸上刊登了外交部告国民书，得知消息的蔡元培立刻将学生代表们召集到西斋饭厅，细说详情，号召同学们要奋起救国。他的号召让傅斯年更加确定了心中的决定。

5月3日晚，傅斯年与各大院校的学生代表在北京大学法科大礼堂举行了会议，他向大家提出了举办游行的想法，得到众人一致支持。因创办《新潮》，思想先进，加之人缘、威望无出其右，在同学们一致推举下，他担任了这次运动的总指挥，大有舍我其谁之态。后命罗家伦负责起草行动宣言，段锡鹏负责联络北京所有中等以上的院校，通知大家5月4日举行游行。

当夜，傅斯年忙着书写标语，制作旗帜，一夜都没合眼。那晚，北京大学校园里灯火通明，犹如白昼，所有学生都在为第二天的游行积极准备着，没有一人松懈。次日天亮时，所有标语、旗帜、宣言和声明都已准备就绪。

5月4日当天，傅斯年高举大旗走在游行队伍最前面，他个子较高，身材较胖，极为引人注目。在他的带领下，上千名学生一起喊着"外抗强权，内惩国贼"、"取消二十一条"、"还我胶东，还我青岛"、"保我主权"等口号，从集合地天安门开始，一路走向东交民巷的大使馆。学生们的声音响彻了整个北京，也震撼了一些有着爱国意识之人的心。

清政府曾与八国联军签订过《辛丑条约》，条约中规定"北京东交民巷为使馆界，允许各国驻兵保护，不准中国人在界内居住"，所以学生们刚一到达大使馆界外，就遭到了巡捕们的阻拦。遭遇阻隔，学生们的游行热情丝毫不减，他们一边请求巡捕联系总统府，允许他们进入使馆界，一边在狭窄的胡同里焦急地等待着。

不知等了多久，或许是没能与总统府的人员取得联系，或许是总统府并不接受学生们的请求，总之，巡捕们一直没有放行。

学生中耐不住性子的大有人在，队伍开始躁动起来。不知谁喊了一句："到曹汝霖家去！"这一声，让曹汝霖宅院倒了大霉。

游行队伍马上动了起来，朝着曹汝霖所住的地方涌去。

曹汝霖当时身兼交通总长、财政总长、交通银行总理等数职，由于负责将德国在山东的权益让给日本而被学生们视为"卖国贼"。傅斯年本想制止学生们盲目讨伐，可学生们的胸中已被愤怒占满，完全无法控制，傅斯年只得随着大家一起去了曹汝霖的宅院。

学生们先向曹宅里投掷石块和砖头，又砸毁了院墙，几名学生从豁口处冲进了曹汝霖的家中，打开大门，把其他学生放了进去。

当天，曹汝霖若在家，必然一命呜呼。学生们找不到他，便在他的家中一通打砸，家具、古董、字画、首饰……一概不放过，就连柜子里的山珍海味也被学生们扔在地上，用力踩了个粉碎，以泄愤慨。临走时，学生们还放了一把火，曹宅里顿时烟雾弥漫，火光冲天。躲在厨房里的章宗祥见到外面起火了，想趁乱逃走，却不想被学生们抓住。倒霉的他被学生们错当是曹汝霖，遭到了一顿拳打脚踢，直到有人发现打错了人，大喊一声"打错了"，众人方才散去。

直至后来，傅斯年对此次游行仍心存自责，他本想带人表达心中不满，并不想破坏和伤人，没想到最后场面失控。当他听说曹汝霖行动不便的老父亲也差一点受伤后，心中更是自责不已。

据罗家伦说，在当天晚上的选举学生联合会主席的大会上，傅斯年与一名同学言语不合，争吵之中被对方打了一拳，眼镜也被打落在地，于是傅斯年决定退出，不再参与之后的学生运动。但究其原因，他的退出也未必与学生的失控和暴动无关。

傅斯年脾气暴躁，却并不嗜暴力，他反对旧文化，可从小接受儒学教育，与人为善、不伤无辜的思想还是有的。起初担任总指挥，一方面由于同学的推荐，另一方面由于其本人天生具有一定的号召力和领导才能，或许他在意识到学生们的情绪不在他能够掌控的范围后，便转而选择了用文字作为武器，指责列强的无耻，以唤醒人们的爱国意识。

这是他的选择，也是他找到的适合自己走的路。

5. 为扩视野，意欲留学

尼采说："我的心中有着永不满足的情感，我就像一团火焰一般燃烧，释放光芒，将我所触碰到的一切东西都变得光亮。当我抛弃它们时，它们变成了灰烬，而我自己就是那团永不熄灭的火焰。"尼采这种"疯子"一般的思想在傅斯年的身上也有所体现。

傅斯年不再参加学生运动，可能是觉得政治路并不适合自己，但爱国和革新之心却仍可通过其他方式展示。他从台前转到幕后，改为用笔激人。

他与罗家伦不断发表新文章，语气一篇比一篇激烈，在当时的学生中引起了一轮又一轮的高潮。眼看着学生们的爱国热情日渐高涨，且有越来越多有勇气的人愿意投入爱国革命，傅斯年和罗家伦的内心激动万分。

罗家伦在《每周评论》上提出了"五四运动"一词，并对学生们敢于为真理牺牲的精神大加赞扬，同时他的心里也有一些困惑。他本以为努力学习先进的文化和思想就能救国，可事实不如所想，他眼见运动爆发时，学生们满腔救国之情无处可施，满腹新知识和新思想无处可用，不禁心急如焚，这该如何是好呢？

傅斯年也一样，看到了现实与梦想的差距。封建统治虽然结束了，可当时的社会并未因社会的更换而发生太大好转。军阀混战，政府专制独裁，那些富人整天过着奢靡的生活，穷人们只能节衣缩食，难求温饱；中国人在外国人面前仍抬不起头，饱受外国列强欺凌，他的心里难过得就像被浸泡在海底一般，不断侵袭的压抑、冰冷和阴暗让他一阵窒息。

五四运动像一声炸雷，把沉睡的人们震醒了，但雷声过后，如何才能让人们时刻保持警醒，自主地持续这种热情，才是重中之重。

在傅斯年眼中，五四运动让中国有了"社会"，让民众从一盘散沙变成团结一心，并凝聚出一股强大的力量，这固然是好事，但如果没有正确的方法，这些好现象会如昙花一现，像一个不成熟的果子般刚刚结出，马上掉落在地。

因心中存有这样的危机意识，傅斯年才会对五四运动的突起产生担忧。"发泄得太早太猛，或者于将来无益有损。"他在《〈新潮〉之回顾与前瞻》一文中这样写道。

傅斯年生于清朝末年，从小到大，也见惯了类似于反抗旧制，创新社会的情况，可到底是哪一个都没有成功。他早在《白话文学与心理的改革》一文中就提到，对于西洋人来说，所有新主义和新事业的成功都是漫长的，但成功之路却是清晰的，结果也是胜利的，然而同样的事情一旦在中国发生，就总会出现各种各样的问题，结果也总是失败的。他觉得，造成这种现象的原因，主要是中国人有急于求成的性格，这是功败垂成的性格。

拔苗助长不能带来早一些的收成，反而会颗粒无收；急于求成的性格不能让事情早一些成功，反而容易坏事。想要成功，必须有目标，有计划，而后稳扎稳打。学生们年轻气盛，这是好事，也是坏事。他们的年轻让他们拥有更多的精力去与旧势力、旧文化、旧观念做斗争，可同样因为年轻，做事便缺少经验，加之头脑还不够成熟，有时也会被一些鼓吹所迷惑，忘记了自己真正的事业。

傅斯年想到了此前种种和眼下情形，迫切地想找到一条真正的光明之路。

当时，革命的热潮一波接着一波，新生的思想学说也不一而足，这就让不少意志不坚定的学生东摇西摆，今天参加一个组织，明天换另一个组织，没有定性，过于冲动。显然，这样算不上真正的革命，他们的学业也会因此荒废。

傅斯年也是一名学生，相比起来，他的思想更加成熟，总能抓住问题核心，思考方式也颇为全面。当他看着不少学生们整天忙碌于各种学说和运动，对学业置之不理时，内心有些担忧，更有些心痛，这不是他想要看到的结果。他希望学生们利用学业增长见闻，而后有的放矢，绝不是这样瞎胡闹！

有人说，五四运动前后是一个浮躁的时期，学生们的心是浮躁的，很多在他们看来声势浩大的活动，事实上空空如也，没有精神支撑。不少学生在冷静下来后也意识到，他们当初总想着"将天下大事为己任"，忘记了根本任务，脱离了基本学识，而当热情冲昏了头脑时，完全没有意识到自己已在不知不觉中脱离了立足地。

傅斯年以他人做例子，以己思为导向，无论何时，不忘求学、研究学问的根本。别人盲目，他无法规劝，唯有独善其身。当时，他脑子里想到了另外一件要事。即使彻底推翻了旧的思想、旧的知识又如何？拿什么来填补人们脑中的空洞？又拿什么来建设国家？如果学生们因为革命，扔下了所学的知识，以至于除去旧的东西之后，没有一样学问能拿得出来，没有一种文化能成为新社会的文化，那是多么可怕的事情！

傅斯年希望学生们有责任心，有爱国心，有反抗旧思想、旧制度的决心和热情，这些决心和热情一定要建立在现实基础上，不能沉迷在胡思乱想中。傅斯年和罗家伦都希望学生们能让思想变得深刻一些，这样一来，对革命的认识才会更深刻，也就不会东一头西一头，逮到某个新学说便趋之若鹜，唯有对各种学说深入了解，才可明白哪一种才是真正有效的。

鞭策总需要反反复复的，为了让学生们明白当务之急，傅斯年和罗家伦挥笔千文，希望学生们把心思放在提升专门知识的技能和提高自身文化水平上。傅斯年告诉学生们，想要改造社会，不仅要有追求科学和民主的念头，还要提高自己的知识储备，掌握现代化的知识，这样才能让中国在世界上站得住脚。

傅斯年对他人提出要求，也一样严格要求自己。他想，有志之士都想着救国，都在努力引进西方先进思想，那么为什么不亲自去西方国家求学，然后将学到的知识带回祖国？其实这个念头已不止一次出现在他脑海里，在给家乡同学的信中，他就曾表示，如今的形势让他越发感到知识的贫乏，有必要辟出新路，这可以填充在求学上的饥饿感，而国内的情况却让他感到无力，长此以往，有被同质化的危险。

在傅斯年最崇敬的人中，侯延塽曾在日本留学，胡适曾去美国留学，蔡元培曾赴法国留学，李大钊曾赴日本留学……这些人都对傅斯年的思想产生了潜移默化的影响。傅斯年在他们那里接触到了求新知的观念，接触到了国外带回来的新思想、新学识。此刻，他也希望自己能和他们一样走出去，唯有真正近距离接触先进的知识和文化，真正走出国门，去海外留学，才会切实触碰到新思想的本真。

当时的社会仍处于混沌之中，在研究学问的方面亦不完善，一些头脑中没有明确求学思想的人被糊住了双眼，辨不清方向，随波逐流；一些有着求学之心的人则在混沌中摸索着，一路跌跌撞撞。

傅斯年尚算幸运，透过那片混沌看到了出路，从未有过藏私之心的他决定将这条路指给其他人看，如此才能实现真正的国富民强。

很快，他将自己的这一想法写进文章，发表在《新潮》上，他提醒同学们一定要切实地求学，把精神放在学习知识上，这样才能真正有所进步，有所成长。同时也号召同学们，只要有机会，一定要在毕业后出国留学，只有留学才能真实地了解西方国家，真正明白西方国家的进步到底表现在何处。针对学生们盲目举行所谓的"革命活动"，傅斯年也提出建议，希望大家"不到三十岁不在社会服务"。

五四运动是中国找到真正出路的发端，也是傅斯年踏对门路之始。

在那段时间里，傅斯年的人生关怀便已经初有体现，这表现在他对社会体制变革的关注，而对文化价值和道德建设的重视，则体现了他的知识关怀。

6. 静养身体，实修心灵

去海外留学的费用高昂，傅斯年决定考取山东的官费留学生。

官费留学生制度起于1872年，自晚清时期便已存在。当时，李鸿章等官员为了引进国外的先进军火技术，提出派一些学生去西方学习制造武器的知识，然后将知识带回中国。于是，第一批官费留学生应运而生。到了民国，这一制度得以延续，留学生的层次也有了提高，多数是大学毕业的学生。

1919 年夏，傅斯年结束了大学的课业，成了一名北京大学的毕业生。同年夏天，他考取了山东的官费留学生。

这次考试，也需经过"政审"，即政治审核，以确定没有任何政治瑕疵。全部通过的学生才可以得到政府的资助，出国留学。

原本，按照傅斯年的学习成绩，很容易便能通过留学考试，同时他各方面条件都很符合标准，可此前他曾领导过学生运动，创办《新潮》杂志并时常发表一些"造反"的文章，这就等于有了"污点"。当时山东教育厅的一些人看到他的名字后，极力反对通过他的申请。在他们看来，这样的学生本身已具有强烈的"造反"意识，如果让他出国留学，接受到国外的一些新思想，回国后那还了得？肯定会对政府不利，甚至会做出什么危险事情来。

教育厅的顾忌情有可原，傅斯年颇有领导才能，加之思想超前，对于陈腐旧见力图革新，这在相对传统的中国社会当时鹤立鸡群。

幸好，教育厅还有一些正义之士，一位陈姓的科长为了能让傅斯年通过审核，与那些反对的声音进行辩论，指出傅斯年天资聪慧，各科学习成绩都非常优异，是不可多得的做学问的人才，并且他在官费生考试中名列前茅，无论出于哪一点，都没有理由阻止他出国留学。陈科长还表示，若是这样优秀的学生都不能出国留学，那教育就真的没什么希望了。

据说在当时，支持傅斯年出国留学的大有人在，在他们的据理力争下，傅斯年终于得到了山东省官费留学生的资格。获得资格后，傅斯年由于身体不适，回到了老家聊城一边调养身体，一边进行留学前的准备。

13 岁离家读书，到 23 岁大学毕业，整整 10 年的时间，傅斯年都在外求学，很少回家。再次回到久别的故乡，傅斯年感到既亲切，又陌生。这段时间里，他曾与母亲李夫人一起回过位于鲁西农村的外祖母家，在那里，他看到了农村的贫困，深有感触，于是写了一篇名为《山东底一部分的农民状况大略记》的文章。

之所以说是一部分，是因为傅斯年虽生于山东，却并未在山东居住过多少时间，他在那里度过了 13 年后便离开了家乡，在外求学，即使学校放假能回家小住，所有次数加起来也只是短短数月。对于家乡的变化，他没有太多机会去接触，也没有太多时间去了解，这次随母亲回外祖母家，也只是暂时居住，没能多处游历。

傅斯年在文章中说："我只对于济南以西和北的地方曾亲身观察过……所以我现在专记山东一部分的社会的一部分——农民社会，所说是我直接得到的知识。"几句朴实的话语，足见傅斯年在学问及研究方面的严谨。之后，他又写了一篇《时代与曙光与危机》，作为《山东底一部分的农民状况大略记》的分析和认识，并提出了一些对农村建设的理念。

住在外祖母家的那段日子，傅斯年倒显得轻松一些，亲身体验到了当时鲁西一代农民的生活状况。农夫们整日忙碌于农活，每天早上五点，他们便开始为一天的劳作做准备。起床后，农夫们先将需要用的家畜和工具备好，然后急急忙忙地赶到地上开工。若时间够用，他们可能随便吃点东西当早饭，若时间吃紧，则省下了早饭，直接去田地，直到中午送饭的时间到了，他们才能果腹。

傅斯年也曾去过田地，在那里，他曾亲眼看着农夫们在烈日下辛勤劳作，等到家人送了饭来，才停下手中的活，匆忙地将罐子里的食物倒入口中，狼吞虎咽地吞下。吃完饭，顾不得歇息，便再次投身劳动，直到下午 4 点，甚至六七点的时候才结束一天的活计，回家吃晚饭。赶上收获的季节，他们夜里也要连续劳动，否则成熟的粮食很可能被其他人偷走，或是被突如其来的暴风雨打坏。

农夫辛苦，农妇也一样不得闲。傅斯年知晓，如母亲一般年纪的农妇早上要在丈夫醒来之前做好饭，洗好餐具，接着准备好送到田地中的午饭，送完午饭，回家后继续洗涮餐具，然后准备晚饭。除了这些，她们还要抽出时间照顾年幼的孩子，晒菜、磨面、纺线、喂家里养的牲口等。

在忙碌的农民中，傅斯年竟看到一些七八岁的孩子，他们本该进学堂读书，可就因为家境贫困，农活繁重，只能毫无选择地跟着父母一起干活。年纪再小一点的孩子，则到处乱跑，在外面疯玩，没人过问他们一天都做了什么，也没人理会他们是否希望知道村子外面的世界。

这是傅斯年在鲁西农村看到的最常见的现象。

想到自己从小能受到良好且相对完整的教育，傅斯年心中不由得添增了一份对祖父的感激，对母亲的敬重之情更深。若不是祖父和母亲打定心念，不放弃他的学业，他又怎会有机会走到如今？

推己及人，傅斯年看着那些孩子，一阵痛心之感。他们从小就缺失教育，不能学习文化，难道长大之后也只能像他们的祖辈一样，整日在田地上重复单调枯燥的劳作，对外面的世界一无所知？

傅斯年曾问过一些农民，是否愿意改变这样的生活方式，农民们听了，有些表示出迷惑，有些表示出不关心，有些表示出不相信。这也难怪，在那时，男耕女织，随遇而安的观念已深入农民的脑海，他们不期盼发生改变，只希望维持安稳。久而久之，便形成了这样的循环。而这种循环恰恰是影响社会发展、阻碍社会进步的重要原因。

傅斯年实在不忍看到那些农民的辛苦，更不忍看到一群处于适龄接受教育阶段的孩子们整天除了玩耍便是劳作，他的悲天悯人之心在那里并未得到慰藉。他知道，农村与城市之间的脱节，决定着不能用同样的方法对待城市、农村。城市需要的是不断新生的社会和先进的生活，农村需要的则是社会的稳定和人际关系的和谐。

当足迹踏入陌生领域，傅斯年才知自己有太多的无能为力。凭自己当下的情况是绝不可能改变农村现状的，但他可以用其他的方式呼吁社会对农村多一些关注，对孩子多一些关注。借由此，才有了他根据所见所闻而成的《山东底一部分的农民状况大略记》和《时代与曙光与危机》。

在文章中，傅斯年详细描述了他所看到的一切，却并非仅仅是描述和同情。利用自己的所学，他深刻地分析了造成这一现象的原因——农民的思想，当然，社会环境的变化与此不无关联。他说："原来中国是专制久了的。专制国家的最下层社会，必然在无治的状态，久了，自然陶冶成无治的思想。"

傅斯年开始思考，东洋货不断进入中国市场，兵和土匪又不时对这个社会进行蹂躏，这些都导致了社会心理的极度不安，如果不寻求一个解决的方法，这个社会总有一天会崩溃。源于这样的先见之明，他才会在后期提出推行农村改革，在农村实施义务教育等思想，这些思想的来源，都得益于他在农村的这段短暂经历。

在家养病的这段岁月里，傅斯年没有一天是完全闲下来的。他走访了许多农户，对当地的农村社会产生更新的、深刻的认识，并予以细致分析，将当时社会与世界的发展结合起来研究。在他看来，想要改造社会，一定要提高中国人的觉悟："第一层是国力的觉悟。第二层是政治的觉悟。现在是文化的觉悟，将来是社会的觉悟。"这四层觉悟必须循序渐进，不可颠倒，不可相互逾越。

有些人活着是为了享受世界，有些人则是改造世界。傅斯年自然是后者。

他真心希望能让农村有所改变，哪怕只有一点，就是在经济状况上有所改变。他期冀农村的孩子同样可以接受教育，每一个农户都能吃得饱、穿得暖，且不必如此辛苦。实现这一目标的途径是什么？便是让城市社会和农民生活有一些实质性接触，以城市带动农村，帮助农村维持和发展。

农村生活给了傅斯年新的启迪，那段日子让他一生难忘。他在农村接触到的两种主要思想，让他十分难过，或无治，或颓废，这两种当中任何一种都不是他所希望的。这段岁月，让他心中的人文关怀又扩张一度，其开始从对城市社会的关注向农村社会延伸。

第四章　远赴欧洲，进行深造

1. 挥手往日，客轮深思

1919 年 12 月 16 日，傅斯年离开了北京大学，准备前往英国留学。与他同行的还有其同窗好友俞平伯。

北京不临海，他们需先前往上海，然后从上海乘坐客轮抵达英国。到达上海后，他们便着手办理登船手续，在等待期间住进了"新群旅馆"。正在苏州休假的顾颉刚听说他们二人到了上海，立刻带上家乡的白酒和小菜赶过去，为他们饯行。傅斯年在旅馆里见到顾颉刚，急忙下楼买了些下酒菜，三人在旅馆里喝着酒，吃着菜，聊着天，品味着惜别之情。

话别之时，顾颉刚泪眼蒙眬，却不是因为伤心，而是因为激动。看到好友能出国留学，他打心底里高兴，却也发自内心地不舍好友离开。他端起酒杯，声音哽咽着说："这里不是渭城，也没有灞桥烟柳，老同学西去留洋，我劝二君更尽一杯，异国他乡无故人！"看到顾颉刚如此，傅斯年心中也感慨万千，一边回应顾颉刚的深情，一边举杯饮下了顾颉刚敬他的酒。

顾颉刚本与傅斯年是同学，后因失眠症休学一年，傅斯年毕业时，他仍是北京大学的学生。傅斯年希望顾颉刚毕业后也能出国留学，便说，国外的东西并不都是好的，但确实有一些值得学习的先进文化，这些文化只有出去之后才能真正学到。

三人又喝了很久，聊了很久，也许是即将到来的别离让他们格外激动，他们时而兴奋地手舞足蹈，时而忧伤得泪眼蒙眬。

次年1月2日，傅斯年和俞平伯离开了上海，登上了开往英国的客轮。

傅斯年的心中有些向往，也有些忧虑。在上海停留的这段日子虽然不久，可却看到一些让他心痛的景象：明明是在中国的领土上，却尽是横行霸道的洋人；作为中国对外的港口城市，街边却站了许多浓妆艳抹、招揽"生意"的女人；明明是良家女子，却偏偏模仿妓女的穿着打扮行走在街头，并以此为美。

她们难道分不清何优何劣吗？见到流行的东西便一味跟风，哪怕流行的并不是好东西，也一概跟从，这是多么愚昧而落后的行为！傅斯年暗自叹道。他在离开上海后给同学的信中写道："但见四马路一带的'野鸡'不止可以骇然，简直可以痛哭一场。社会组织不良才有这样的怪现状；'如得其情，则哀矜而勿喜'。"

能出国留学，傅斯年内心万般激动，但这种激动与初次离家求学时的激动有所不同。当时，他还只是个刚刚开蒙的少年，对于外面的世界充满着好奇和希望，一心只想要接触新事物和知识，脑中没有丝毫与社会有关的念头。如今，他已经成年，思想也日臻成熟，大学之中的种种经历，让他越发关心这个社会，也越来越希望自己能学以致用，以改造这个满目疮痍的国度。

客轮缓缓移动，上海的港口渐消于海平面上。站在甲板上，看着前方，眼前的景象慢慢绘成一幅画面，橙色的夕阳徐徐向下沉去，海水也被夕阳的余晖染上了瑰丽之色。起风了，深色的海水起起伏伏，傅斯年的心情也如这海水一般，四下翻滚。他不知前方等待他的是什么，但无论是什么，他都会义无反顾地走下去，坦然面对。

回到舱里，傅斯年见俞平伯安静地坐在一旁读着《红楼梦》，还在本子上不停地写着什么，他主动与俞平伯交谈，俞平伯却很少有回应，最多只是点点头，或"嗯"一下。俞平伯是个家境优越的少爷，自小就沉浸在书的世界里，他性格温和、胆小、谨慎，全然没有傅斯年那种"冲劲"和激情，自然也就无法理解他脑中的那些念头。他犹似一棵成长在温室里的幼苗，没经历过任何风雨，也没有任何叛逆的想法，若不是傅斯年一再动员他，他甚至不会出国留学。

俞平伯实在是个极其安静的人，也极其保守。虽然年龄不小，可在许多事情上的想法一如孩子般单纯。客轮航行的过程中，他也曾被海面上的景色及途经一些国家的人文风情所吸引，可后来，茫茫的大海还是让他感到了无趣，索性看起书来。

虽然都是新潮社的成员，也一同参加过五四运动，可俞平伯本人对这些事并无太大兴趣，他的兴趣仍驻足于书中。是时，离国的俞平伯刚刚结婚，他与妻子青梅竹马，感情甚好，以至离开的时间越久，对妻子的思念就越深。加之他从未离家，性格内向，那份孤独感和陌生感让他无所适从。到达英国仅仅两周，他便离开了英国，踏上了返程之路。可说，他的留学尚是一次外出短旅，只有尝试，没有目的。

傅斯年说服了俞平伯与他同行，却忽略了俞平伯与他并不是同类人。一路上，他多次与俞平伯谈论他所感兴趣的话题，俞平伯的反应都极其平淡，只是颇为礼貌地回应一二。见俞平伯并无交流之意，虽是朋友，也不便再去打扰。转而陷入沉思，去思索自己心中之事。

去英国的路很漫长，历时一个多月之久。在这段时间里，傅斯年脑中不断回想着自己这些年来所经历的事，所见过的种种现象，所接触到的人和思想。他想到自己与同伴们整天呼吁着要提倡白话文，要开展文学革命，然后，白话文得到了普及，却没有从根本上改变人们的思想，仍然有许多人穿着新鞋走在老路上。

他想起离开北京时的那次谈话。1919 年 9 月，美国驻北京公使芮恩施结束了在中国的任期。他在离开中国前与傅斯年等学生代表进行了一场会谈，建议学生们要与民众结合，发愤图强，因为国家以后最需要的就是像他们这样的学生。而傅斯年却表示，学生虽然起着一定的作用，但真正能强国的是民众，只有民众的觉悟都提高，国家才能真正获救。

毋庸置疑，学生有热情，有热血，年轻，有精力，可却没有真正的力量。学生的人数众多，可相比于民众，就成了小众。想要让国家强大起来，单凭学生们的高呼和游行远远不够。诚然，傅斯年希望看到国内的学生们都醒过来，并鼓起勇气站出来，也希望看到越来越多的国民对新文化运动产生热情，并投身其中。

傅斯年看到了国民的劣根性，认为正是如此，国民才变得麻木，变得不懂人生的价值和意义。日本原系一个小国，可它能迅速崛起，成为一个强国，原因何在？就是因为他们的国民善于吸收其他国家的先进文化。而中国，明明是一个大国，却有过那么长一段闭关锁国的时期，以致国民渐渐失去了对新事物的渴望、对新文化的渴求。

轻轻摇晃的客轮里，傅斯年想起他留在国内的《新潮》。出国前，他为《新潮》写了最后一篇文章，之后便将《新潮》留给了罗家伦、毛子水等人。在那最后一篇文章中，他向所有读者作了告别，也向《新潮》作了告别。他说："我只盼我去英国以后，新潮社日日发展。我的身子虽然在国外，我的精神留在北京大学里……"

新文化运动已被其视为使命，即使远在异国他乡，也时刻不忘初心。

客轮不怜离别之人，只顾昂头向前。外面的海风呼呼地吹着，一波又一波的思想像海浪一般在傅斯年的脑海中翻腾。想要让一个民族强大起来，一定要废除中庸之道，摆脱专制的束缚，宣扬个性的独立。想到这些，傅斯年更觉得自己出国留学的决定是明智至极的。他下定决心，一定要在国外学到最新的知识、最健康积极的新思想，之后把它们带回国内，广泛传扬。他要帮助国人建立新的人生观、价值观、社会观。

出国留学是傅斯年人生中一个新的开始，他带着无限的希望，怀揣着坚定的意志，为了能用一种新思想改变当时的社会，踏上了一条崭新之路。

2. 从英到德，先博后专

看过数十次海上的日出，赏过数十次海上的夜色，傅斯年所乘坐的客轮带着一种海峡、大洋的气息，缓缓于英国码头靠了岸。待踏上英国的土地，傅斯年的心终于从一路的摇摇晃晃中平静了下来。他与俞平伯办理了入关手续，便急忙赶入伦敦办理入学手续。

傅斯年即将就读的是英国伦敦大学研究生院，主修实验心理学专业。之所以选这个专业，在于他认为心理学是"社会的科学根源",国内民众不思进步、缺少责任心、遵循中庸之道等问题的根本,都在于长期缺少正确的人生观,而导致这一现象的根本原因则在于人们的心理状态。故此,只有以此入手,才能对症下药,药到病除。

步入伦敦大学,傅斯年心中油然而生一种幸福感。校园的环境非常优美,洋溢着浓郁的学术氛围和艺术氛围。这里有来自世界各地的留学生,他们三两成群,有说有笑,或边走边谈,或坐在木质的长椅上谈笑风生,完全不同于北京大学当时那种同班同学之间都三缄其口的情况。

校园里除了美丽的花草,高大的橡树,最引人注目的便是一尊尊用大理石制成的人形雕像。每一尊雕像都栩栩如生,让人一眼即知所雕刻的人物,均系毕业于这所学校的各界名人。除了这些正统的艺术,校园里还有一些看起来令人费解的艺术,比如一些出自写意派、荒唐派之手的雕塑。这些雕塑若放在国内,一定会被许多人斥责或拆毁,然在这里,它们就那么完好无损地坐落于校园中,或许会有人觉得怪异,却没人会觉得它们不应该存在。

傅斯年一来到这里,双眼便被牢牢引住,在他看来,这才是一个真正自由、民主、开放的环境,才是求学者的天堂。他已陶醉于这样美好的氛围中,丝毫未曾留意到同行的俞平伯已有异常表现,故此当他得知俞平伯已离开伦敦,正准备去马赛坐船回国时,他惊讶得几乎说不出话来了,他实在想不通,如此美好的学习环境和氛围,俞平伯为何难以融入其中,舍得离开?出于对同学的担心,他急忙追到马赛拦住下了俞平伯,问清缘由。

对傅斯年来说,出国留学,未取得成就便半途而废是件没有责任心的事,可听到俞平伯诉出的思乡之苦,且一人在外诸多不惯时，他无语以对。此时方才意识到，俞平伯与他不同，他自小便已独立，可俞平伯却是娇生惯养的少爷，从没有独立生活的经历，又怎能受得了在国外留学的生活？

人各有志，万事不强求。傅斯年苦劝无果，只得看他离开。当俞平伯乘坐的客轮开走后，傅斯年的心中生出一种强烈的挫败感和失落感。这件事对他来说是一个本不应有的打击，他写信给胡适，告诉胡适这是他"途中所最不快的一种经历"。

审慎思考之后，傅斯年了解到俞平伯的家庭及其从小受到的那些旧式教育之错，娇惯、腐朽、破旧……太多的负面之因加于一人之身，又岂是俞平伯一人可担？他叹俞平伯"脱离了这个真的世界而入一梦的世界"。经历过这件事，傅斯年对旧式教育更加深恶痛绝。

送走了俞平伯，学校马上就要开课了，傅斯年急忙赶回学校，开始了汲取养料的生活。傅斯年似饕餮，只要是提升修为的新知，于他来说多多益善。他就像一个酷暑之下饥渴难耐之人，突然见到清泉一般，恨不能直接跳入泉眼，喝个痛快！

在伦敦大学，傅斯年除自己主修的研究生专业，还选修了物理学、化学、数学等自然科学的本科课程，他对英国文学、史学、政治学等学科也都兴趣浓厚，经常利用课余时间阅读大量相关书籍。他在写给胡适的信中说，他第一学年本想入理科，可他的导师不赞成，于是只好一边学习研究生的课程，一边抽空去听其他专业课。

伦敦大学的课业对所有学生都是开放的，除了已经选修的科目，学生们也可以去其他教室听一些没有选修过的课，若听过之后很感兴趣，并且时间充裕，就可以一直跟着听下去。这对傅斯年来说是再好不过的事了。他经常穿梭于各个教室，旁听其他系的课程，后来，他发现这样下去每一科都只能听到一部分，便更改了学习计划，将旁听课程的范围缩小，时间增加，这就能让他把大块时间都聚焦于更重要的课程上，至于其他想要了解的知识，他选择去图书馆补充能量。

那段求学岁月，傅斯年立志将自己打造成一个通才，学校的图书馆成了他最常去之处，那里有数不清的英文书籍，他每次进去都分秒必争，在知识的海洋中大快朵颐。

这一期间，傅斯年接触到了许多外国文学作品，他欣赏这些文学，欣赏作者们的用词和表现手法，却没有和其他同期从中国走出的留学生们一样痴迷于文学。或许，是因为他的心中一直有着更坚定、更伟大的目标，才让他对文学少了关注。

傅斯年后来成为著名的历史学家、古典文学研究专家、教育家、学术领导人，却唯独没有作家的身份。想来，他期冀的是在别人的作品中研究出警醒世人的深邃文化，而非用自己的心思撰出一厢情愿的文字吧。

傅斯年出国留学后不久，罗家伦大学毕业，也走出了国门。

罗家伦于 1920 年去了美国的普林斯顿大学读历史和哲学，次年转入哥伦比亚大学研究生院，一年后又转入傅斯年所在的伦敦大学。好友的到来让傅斯年备感亲切，能再在一起讨论学习，交流思想，他十分开心。

1923 年秋，傅斯年结束了在伦敦大学的学习生涯，因他发现所学的东西并不能帮助他谋求人类的发展规律。同时，他发现柏林大学有两种学术很吸引他，一种是物理学，另一种是语言文字比较考据学。当时，傅斯年的许多同学都在柏林大学留学，在几个因素的综合影响下，他放弃了继续在伦敦大学读研究生，转而去了德国柏林大学。

在柏林大学，傅斯年仍和在伦敦大学时那样，博学而不专学，以至胡适后来去德国看望他时，不禁连连摇头，认为傅斯年出国后不再专心学习，"漫无纪律"。

进入柏林大学，傅斯年自然选了物理学和语言文字比较考据学两门课程。除此之外，他又对地质学产生了浓厚兴趣。傅斯年有一个习惯，一旦对某一学科兴味盎然，就会随身带一本相关书籍，有空便拿出翻看，追随章太炎时如此，学习地质学时亦然。

傅斯年有一个鹿皮制成的黑色皮包，里面总是装满了各种参考书。据说有一次，他和毛子水等人一起在外面吃饭，大家看到他的皮包格外沉重，以为里面装了什么好东西，没想到打开一看，占据皮包空间的竟然是三大本地质学的书籍。在场的所有人都大笑不止，就连一向不苟言笑的毛子水都禁不住打趣起他来。

在德国，傅斯年还接触到了朗克学派的史学观点，即史料高于一切，除了史料，没有任何人为的史学著作能将历史的真相呈现在人们面前。朗克学派的史学观点对傅斯年产生了重要影响，正是在这种观点的影响下，傅斯年才会在进行史学研究时提出"史学就是史料学"。

时代的责任感、对知识的渴求，以及同学间的互相影响，让傅斯年在学习方面选择"先博后专"。当时，大部分留学生都有着和傅斯年一样的想法，到国外后先读一些与本专业不相关的专业，学习一些不曾碰触的知识，等到自己变得充实之后，再去专门研究一门学问。

傅斯年用了6年时间在海外留学，也用了6年时间接触不同领域的知识，他的博学已超出了一般学生对"博"的追求和定义。

傅斯年的博学不但与他过目不忘的技能有关，也与他天生对学问无止境的追求有关。无论什么人，若在求学路上永不满足，并为之努力，是一定会有所成就的。傅斯年心中填不满的求知欲，及每获得一份新知后的淋漓畅快之感，皆是促使他在求学之路上开足马力的永恒动力。

3. 醉心求知，不屑一纸

执着于名利的人总会觉得苦，怀揣梦想者，便每日甘之如饴。海外留学的日子并没有许多人想象中那么美好，那么风光，留学生们必须付出比所在之国的学生更多的努力，才能取得与他们同等的成绩。

1933 年开始，国内对理工农医一类的留学生需求量增加，而德国恰恰在这些学术上均居于世界领先地位，于是许多中国留学生都选择前往德国留学。德国对高等学历的学生要求非常严格，当时，若是能带一张德国大学的高等学历证书回国，在国内的发展自然不可估量。

是时，出国留学的学生人数众多，一些学生确实是为了学习西方的文化和技术而出国留学；一些学生只是为了"镀金"，让自己的身上多一层曾经留过洋、拿过国外学位的光环；一些学生出国留学后，整日游走于各种社交场所，与上流人士和名媛们攀谈，待到回国时，洋学问没学到多少，洋做派倒是学得十足。从他们的衣着、举止、言谈中就能看得出，他们究竟在什么地方下了功夫。

傅斯年不屑于交际、应酬，更排斥过小资生活，他非常清楚自己出国留学的目的。虽然想学的东西太多，让他一时间无法将心思全部放在某一门学问上，但这也让他有更多时间和机会去选择到底哪一门应该"专"。他喜欢数学，也喜欢文学；喜欢哲学，也喜欢物理学；喜欢地质学，也喜欢史学。他想成为一名知晓各种学问的"通才"，不想成为一名除了一门学问，对其他一无所知的"专才"。

爱读书是傅斯年自小养成的习惯，小时读祖父书架上的传统学术作品，中学时代泡在图书馆里，大学时期疯狂地爱上英文原版书籍，以至于和同学们交换阅读。到了国外，在阅读上他有了更多选择。

读过伏尔泰主编的《百科全书》后，傅斯年内心对其涌出一股极其强烈的崇敬感，他甚至后悔自己没能生于伏尔泰所在的年代，错过了成为他学生的机会。傅斯年的这种崇拜绝不盲目，他倾心于伏尔泰在文学上的成就，以及其在法国启蒙运动中所处的位置。

在傅斯年看来，《百科全书》算得上是人类最辉煌、最宝贵的精神遗产，特别是其中《哲学通信》一篇，对法国的专制政体进行了大力抨击，这让傅斯年由衷佩服。

雨果曾称伏尔泰是一个世纪的代表，傅斯年则视伏尔泰为思想上的巨人。伏尔泰崇尚自由平等，不惧社会的审查和迫害，公然反对专制主义和封建特权，支持他所在的社会进行改革，这些都令傅斯年钦佩万分。他更醉心于伏尔泰改变法国革命的舆论，且对整个世界的启蒙运动都产生了巨大的影响。

德国的波茨坦无忧宫里伫立着一尊伏尔泰的雕像，雕像的下方刻着一句法文，大意是"他教导我们走向自由"。这句话是伏尔泰身故后，追随他思想的人写在他枢车上的一句话。傅斯年在看到这尊雕像和这句话时，不由停下了脚步，在雕像面前陷入了沉思。他面对着伏尔泰的雕像，想着伏尔泰一生为人类所做出的贡献，心中感慨万千。他想得太过出神，以至同行罗家伦等人都走出了波茨坦宫也没有察觉到。

在伏尔泰思想的影响下，傅斯年更加坚定了自己要做"通才"的决心。

对于文学，傅斯年也有所涉猎，只是没有同期的徐志摩、邵洵美等人那样痴迷于文字的内容和形式，也没有他们那种能在文字的世界中尽情幻想的天性。也许是生来骨子里就不曾带有一丝浪漫、敏感或天真，傅斯年对于一切纯文学性的东西都没有产生过太大兴趣。

他从小擅长写作，却从来不写那些言辞缥缈的散文，更不写意境唯美的诗歌，他所写下的，都是确实存在的事实，都是条理清晰的思想。

求学期间，傅斯年也曾接触过戏剧，他几乎读过萧伯纳的所有剧本，可读归读，他从未投入到戏剧创作中，也没有对萧伯纳过度崇拜。对于戏剧，傅斯年只限于兴趣，可能戏剧只是丰富他精神世界的"佐料"，可以加一点进去，增一些风味，若是把它当成主食，必然无法饱腹。

傅斯年兴趣广泛，既然要成为通才，各样知识都要掌握，可一个人的精力毕竟有限，然值得一提的是，样样通的傅斯年绝不允许自己"样样松"。对于每个领域，他都有着非常深刻的理解，这种深刻自然不是只懂皮毛所能获取的。

傅斯年在留学途中所走的每一步都很扎实，风花雪月、诗情画意，在他眼中都不过是过眼云烟，他从不关注，更不必说留恋。他时刻提醒自己绝不堕落，不在安逸中迷失自我。他明白出国的最终目标——带回让祖国变得强大的西方科学、思想和文化，而非那些只能供人们消遣的浪漫情感。他对知识的饥饿感一时一刻都不曾消失，宛若一只遨游于苍穹的雄鹰，时刻准备俯冲而下，猎取入眼的猎物。

在傅斯年心中，学问是自己的，只要自己知道便可，无须向其他的人展示，更没必要炫耀。

柏林大学中走出过许多伟大的哲学家，他们多成为民族的骄傲，也使这所大学的哲学系尤为出名。兴趣广博的傅斯年，进入这所大学后却没有学习德国哲学。他在德国过着我行我素的生活，时而在物理学的课堂上专心致志，时而在高等数学的课堂上推算公式，时而在英国历史的课堂上猛抄笔记，许多学科的课堂上都曾有过他埋首的身影，只不过在老师的名册上却一直没有他的名字。

有些人觉得，傅斯年这样做太傻，旁听了那么多年的课，到头来却连个学位都没混到，学那么多又有何用？傅斯年自然对此质疑不屑一顾，做学问的目的是以思正己，以己化人，这无关学位、身份，搞懂了人类终极关怀的大事，又何以受制于一两张俗世之纸张呢？

傅斯年是个异类，与之同样出乎其类、拔乎其萃者亦有，比如陈寅恪。他高中毕业后留洋，在国外学习 16 年，也是一个学位都没有拿过，当别人问他为什么时，他说："博士帽子很容易拿到手，但两三年内被一专题束缚住，就没时间学其他知识了！"

君子和而不同，傅斯年与陈寅恪秉性各异，却又殊途同归。二人由于与众不同的学习理念，被其他同学称为"贾府门前的两尊石狮子"，意思是这两个人一心做学问的意志就像石狮子一样坚固，谁也推不动。

英国 3 年，德国 3 年，傅斯年的海外留学历时 6 年，这期间，他所接触到的新东西、所学习到的新知识多过无数同期的留学生，可当他回国时，却没有带回一张文凭。于他而言，文凭如纸，要之何意？

傅斯年在给徐彦之的信中写道："我宁可弄成一个大没结果，也不苟且就于一个假结果。"这就是傅斯年，一个不在乎名利、身份和地位的人。古往今来，能如此者众，而在一个时代里，则是凤毛麟角的。

4. 自由伙伴，异国扶持

举凡成功之路，皆是荒芜的，能结伴而行者甚寡。傅斯年在外求学，也希望身边有同道者相伴，一来慰藉思国之情，二来可一同言之论之，把酒言欢。俞平伯本是个好陪伴，可惜道路分岔。

当时代变迁赋予了更多追求自由、梦想者更多幻想，他们也一样会"破迷"，去谋求一条阳关之路。傅斯年离开伦敦大学之前，一众旧友新友陆续抵达，他们与他一样，怀揣着理想，为了挽救民族危机而始终奋斗着。

1920 年 2 月，刘半农来到了英国，与傅斯年一同就读于伦敦大学。刘半农虽然也曾是北京大学的老师，却与傅斯年并不是师生关系，当他在北京大学预科教学时，傅斯年已是本科生了。从史料上看，他们第一次接触是在 1917 年，在傅斯年组织召开的国文门第二次小说研究所会议上。那次，刘半农是傅斯年邀请的指导人员之一。

傅斯年和刘半农都爱好文学，对文学语言学等问题非常关注。新文化运动中，刘半农是《新青年》的编辑，傅斯年是《新潮》的编辑，两个人分别是同一文化阵营中两个不同阶层的风云人物，时常一起研究探讨问题。在思维碰撞的过程中，傅斯年发现刘半农在很多问题上与自己想法一致，比如他们都提倡"人的文学"，都推崇"言为心声"，都重视民间文学，从此他视刘半农为新文化运动的好伙伴，并与之建立了更深的情谊。

到了国外，两人在求学方面各有专攻，所追求的目标也不同，傅斯年是为充实自己，刘半农是为拿到学位。不过，这些都不影响两人交往。在英国，两人不再是师生，而是同学。傅斯年在给蔡元培的信中还提道："半农先生在伦敦，常相见。均好。"

刘半农虽然是江苏人，可性子却一点也不像江浙一带人惯有的温和，他情感丰富，容易冲动，心直口快，万事不藏心，这一点与傅斯年竟也非常相似。因为这种性格，刘半农常常会因为话不投机与人发生冲突。傅斯年呢？本就爱冲动，急性子，这样两个外露性格的人在一起，各执己见时，自然少不了发生冲突和争执，有时甚至会因某个观点不合而大打出手。不过，这种冲突还是绵柔于两人的感情之中，两人的情谊也因此越打越结实。

伦敦大学，刘半农学的是实验语音学专业。1921 年，他结束了在伦敦大学的学习，去了法国的巴黎大学。1923 年，他在巴黎完成了《四声实验录》，并特意到伦敦请傅斯年为他的新书作序。

刘半农比傅斯年大 5 岁，资历较深，并且主修语言学专业，傅斯年认为自己资历不够为刘半农作序，再三推辞。可刘半农却一再坚持，并称这本书中收录了许多傅斯年的宝贵意见，由他作序再合适不过，傅斯年推辞不过，便专心为此书写了一篇序言。

事实证明刘半农的判断是正确的，傅斯年为《四声实验录》所做的序言既内行，又客观。正如他在序言中所提到的那样，刘半农为国内的语言学开拓了新的研究领域，在刘半农提出了这一问题值得研究之后，国内开始出现许多对汉语中四声进行实验研究的人。

在傅斯年的留学伙伴中，除了刘半农，必须要提的还有那位与他一起被并称为"贾府门前的两尊石狮子"的陈寅恪。在同学们眼中，他与傅斯年最为相似。两人都是苦学生，每当午饭时，他们各自买了自己的饭，然后坐在一起吃，有时边吃边讨论学问。当时，许多留学生都喜欢成群结伙地出去玩或聚餐，傅斯年和陈寅恪却从来不参与。

陈寅恪与傅斯年有着相似的家庭背景，他也出身于书香门第，祖父陈宝箴曾任湖南巡抚，父亲陈三立是晚清著名的诗人，与谭嗣同、吴保初、丁惠康一起，被人们称为"清末四公子"。陈寅恪的父亲提倡新式作风，与私塾的先生约好，不能背死书，不能打学生，这让陈寅恪自小在新式作风的环境中成长。在自由的环境下，他反而学得更好，表现更为突出。

在陈寅恪那一代，大多念过书的孩子只学过四书五经，而他已能将十三经中的大部分文章背诵得非常流利，这一点也与11岁便能背诵十三经的傅斯年颇为相似。

陈寅恪与傅斯年都是13岁离家求学，只不过傅斯年所求学的地方是天津，陈寅恪所求学的地方是日本。陈寅恪是跟随他的兄长一同去的日本，后因足疾辍学回家。1918年7月，陈寅恪获得了奖学金，得以再次出国留学，先去美国，后去德国，之后与傅斯年成为同学。

其实，两人在1915年便有过接触。

当时陈寅恪去北京看望兄长，闲暇时间与北京一些知名人士接触，并由此认识了傅斯年。虽然当时接触并不多，但陈寅恪却与傅斯年有种相见恨晚之感。据说陈寅恪对门第与家学比较重视，很少与那些精神世界空洞的富家子弟来往。他也与傅斯年有着相同的气质和想法，不介意是否取得学位，只在意是否能学到真知，难怪二人一见便投缘。

俞大维也是傅斯年在德国留学时结识的重要人士之一，他是浙江绍兴人，主修文史专业，后改为军事学专业。据说，俞大维之所以会更改专业，是因结识了傅斯年，并在傅斯年身上看到了极强的文史功底，这让他感到惭愧。

在与傅斯年的交谈中，俞大维越发感到自己的国学基础过浅，无法与傅斯年相提并论，他对傅斯年既羡慕，又佩服。最后，俞大维决定更改所学专业，由文史跨到军事，并说："史学上出了傅胖子，我等别想有出头之日了。"

俞大维对傅斯年极其敬佩，傅斯年对他也是如此。虽然在国学方面俞大维略逊一筹，但在其他方面，俞大维却有着超人的造诣。他与傅斯年一样，涉及知识领域广泛，不但对中国的学问了解甚多，对西洋的古典艺术也有所研究。

1925 年，他在德国知名数学杂志《数学现况》上发表了一篇论文，成为第一个在这本杂志上发表论文的中国人。学习军事学后，他着重研究弹道学和兵器制造，最后成了中国近代著名的弹道学家。

傅斯年和俞大维的相识源自毛子水的介绍，而俞大维其实与陈寅恪的关系更加亲近。他们不但是同学，还是亲戚。俞家与陈家世代交好，并有现代姻亲，陈寅恪的祖上与俞大维的祖父是好友，陈寅恪的母亲是俞大维唯一的亲姑姑，陈寅恪又是俞大维的姐夫。不知是否和家世有关，俞大维和陈寅恪都是苦读之人，他们身上所带有的学术气息让傅斯年备感亲切，自然也就与他们走得近些。傅斯年曾称俞大维和陈寅恪是两颗读书的种子，话语中满是赞许之情。

对于身居异国他乡的人来说，最令人开心的事莫过于他乡遇故知。1920 年 5 月，傅斯年出国留学后不久，罗家伦获得了民族企业家穆藕初设立的奖学金，并在胡适的支持下前往美国哥伦比亚大学，所学的专业是哲学。1923 年底，罗家伦来到了德国，进入柏林大学，主修哲学和历史哲学，并兼听社会学、人类学等课程。好友的到来让傅斯年兴奋不已。

理念相同，观点相似，傅斯年与罗家伦在大学时关系就很密切，如今能在遥远的德国相遇，彼此更加激动，两人的来往也更加频繁。当得知罗家伦遭遇偷窃，所有的衣物都被偷走之后，傅斯年给他写了一封信，信中傅斯年一边安慰，一边调侃罗家伦，称"昨晤姬公，闻真人道心时有不周衣冠，而往裸体而归天，其欲使真人返乎，真元耶！不然何夺之干净也"。

傅斯年在信中还说，可以将自己的一件外套和帽子借给罗家伦，虽明知罗家伦那样清瘦的身材，不可能穿得了他那种肥大的衣服，还是希望能给予罗家伦帮助，足见两人关系的亲密。

对于当时的留学生们来说，能整日在自己渴望学到的知识的海洋中畅游，身边又有那么一群志同道合的伙伴，没有比这更让人心花怒放的事了。有了这些思想上的同路者和精神上的伴侣，远在异国他乡的孤独和冷清就变轻了许多。

从傅斯年的角度看，留学期间交往的这些朋友在他的生命中有着不寻常的意义，他们不但对他产生了许多思想上的影响，还对他回国之后的事业给予了大力支持。无论他在北京大学办学，还是成立史语所，进行史语研究，友人给予他的帮助，都让他在追求理想的道路上如虎添翼。

5. 困窘生活，举步维艰

傅斯年在国外留学，所学知识丰富多样，其精神远比往日丰足，可对未来的美好畅想，是无法取代现实生活中的艰辛的，精神世界的富足也难以弥补物质生活的贫乏。在国外留学的那些日子里，傅斯年与一群年轻人一起，饱受着生活上的艰辛。虽然他们当中的许多人都是官费留学生，可奈何国内军阀们整日忙于权势争夺，战事连连，几乎将所有的财政收入都用于战争，哪里还有多余的钱财去顾及其他？渐渐地，他们这群远离家乡，在外求学的学子们被忽略了，被遗忘了。

当时中国大势混乱，袁世凯去世后，国内进入了一段军阀混战时期，那些手握军权的军阀们为了巩固和扩张自己的势力范围，在国内不断挑起战争。无论战争的规模是大还是小，在每一次战争中，最受苦的还是百姓。百姓们的生活被破坏了，国家的财政也被摧毁了。

军阀混战之前，政府的财政一般用于社会性公共开支，这其中便包括官费留学生的学费和生活费。军阀混战开始后，为了拥有更多的资金做后盾，军阀们将所有的财政收入都用于扩充军队储备上，且立下各种名目进行收税，强制粮食征购，致使当时的农业也受到了严重的打击。

对于一些家境优越的留学生来说，国内的财政变动没有对他们产生太大影响，可像傅斯年这样家境贫困，主要依靠政府资助出国留学的学生而言，前途堪忧。

傅斯年在外留学的日子里，傅家也发生了重大变故，祖父母先后过世，家中只剩下弟弟和年老的母亲。突然之间失去了经济来源，本就不富裕的家庭顿时变得更加贫困。傅斯年的母亲李夫人虽懂得勤俭持家，却也对这样的情况无可奈何，她只能勉强维持家中的一日三餐，至于远在国外的傅斯年的生活费和学费，她则完全无力负担。

此时的傅斯年已是一个成年人，再也不可能像小时候一样，靠代人写作文来换取烧饼，更何况他原本也不是那样的人。虽远在他乡，他对家中的困境也不是一无所知。住宿费是不能省的，否则就要露宿街头，学习相关的费用也不能省，毕竟出国为的就是学习。无计可施之时，他只能在饮食上节省开支。

因为贫困，傅斯年不得不忍受饥饿，可却没有任何抱怨和委屈，更没想过放弃回家，他默默地承受起一切艰辛，打起十二分精神一丝不苟地学习。

饥饿没有影响他对知识的渴望和对真理的追求，在不得已时，他也曾计划着卖掉一些书籍，以便维持生计，就是在这样的窘境之中，他还坚持着不时地买些书来读。

那段时间里，傅斯年多次几乎断粮。他在给许多朋友的信中都提到了自己在国外艰难的生活。朋友们听说傅斯年生活拮据，几乎断粮，都十分担心，一旦手里有些余钱，便会划出一部分借给傅斯年，以解他燃眉之急。不过在大多数情况下，傅斯年的朋友们也和他一样，经济困窘，只能干着急。

据陈寅恪的女儿回忆，官费停寄的那些日子里，陈寅恪时常没有钱吃饭，有时，他会在早上买一点最便宜的面包，之后撑过一整天。实在饥饿难忍时，他便专心读书，用饱餐知识的痛快感来分散饥饿感，可这并不能从根本上解决问题，饥饿感还会不时袭来，久久不散。

罗家伦出国留学时，靠的是民族企业家穆藕初设立的奖学金，后来，穆氏企业倒闭，奖学金也停止了，罗家伦便只得节衣缩食，勉强维持在国外的生活。起初，为了能继续留在国外收集史料并进行研究，他不得不一边学习，一边做些翻译工作或写稿件，以此赚得微薄的生活费。1925 年，蔡元培将他介绍给商务印书馆的监理张元，张元借给罗家伦 1500 元，分两次汇给了他，这才缓解了罗家伦的生活压力。

同病相怜，患难见真情。生活是凄苦的，好在这些留学生们还是相互扶持的，看到好友有难时，都会尽自己的全力伸以援手。

1924 年，罗家伦与傅斯年一同就读于柏林大学，两人不再需要用信件进行交流和沟通。次年，罗家伦转入巴黎大学，傅斯年与他的通信便又多了起来。在与罗家伦的通信中，傅斯年提及最多的就是他在经济上的困难，写这些并非是要罗家伦给予帮助或博得罗家伦的同情，只是因为那段岁月，这便是傅斯年生活中遇到的最大问题，且是个无时无刻不困扰着他的大问题。

罗家伦当时手中有些闲钱，便借给了傅斯年一部分。谁知当他手中的钱也所剩无几，打算要回借给傅斯年的钱时，傅斯年自身难保，毫无偿还能力。罗家伦体谅傅斯年的难处，只好任由他暂且欠着，等凑到了钱再还，自己则继续靠做一些零工赚生活费。赚到的钱实在不够支出，以致其在准备回国时始终凑不齐买票的钱，不得已之下，硬着头皮又一次找到张元，希求搭救。

在同期的留学生中，陈寅恪一直是中国留学生们眼中的大哥，他平日不太与人交往，看起来有些清高，但身边人一旦有难，他必定不会置之不理。傅斯年曾在信中提到，一次，他因手头实在拮据，便与陈寅恪约好，先借二十镑之马克，一有钱就马上还给他。陈寅恪没有多言便将钱借给了傅斯年，这让傅斯年非常感激。事实上，当时有许多人都是靠着从陈寅恪那里借钱支撑下来的。

傅斯年生活不好过，为了不再拖累友人，他总会给一个人写信——"老朱"。"老朱"全名朱兆莘，是欧洲留学生经费的负责人。国内不再有经费汇出后，面对傅斯年一次又一次地催促，他不得不从公使馆的其他款项中转借少许金钱汇给傅斯年。可是每一次汇去的钱实在杯水车薪，还没来得及起什么作用，就已经没有了。傅斯年曾期望用老朱寄来的钱还欠罗家伦的债，可每次钱一到手，还的还，用的用，立刻所剩无几。

时间久了，催的次数多了，老朱也懒得理会傅斯年。傅斯年却很执着，一封又一封催促经费的信飘到他的眼前，没有办法，他只得找了诸多理由搪塞，或声称必须和与银行的人商量一番，或告知银行已不许透支，只能设法下月挪借。在老朱那里碰了无数次钉子后，傅斯年明白，国内的学费怕是没有希望了。

傅斯年多次写信向老朱催要学费未果，却不想没过多久，老朱突然给他寄来了一个月的学费，并告诉他自己已经离职回国了。傅斯年得知这一消息很惊讶，急忙写信追问此后将如何是好，可却没有回复。

新上任的负责人对此事不理不睬，这下着实激怒了傅斯年，若不是同学们劝他，他极有可能直接找到公使馆大闹一通。

1926 年 6 月，在德国的留学生们都经历了前所未有的贫困。关于当时的情形，傅斯年是这样描述的："德国生活成［程］度贵得无比，此间熟人一致呼穷，故弟不欠此间任何一人、任何一文，而此间欠我于小数者，积其［起］来已经不少了。5 月中旬连吃四日干面包，实在不免于夜间流涕。大维尚好，而毛、姚穷得出世涅槃，北京大学事大约是散板了。"

"故天将降大任于斯人也，必先苦其心志，劳其筋骨，饿其体肤，空乏其身，行拂乱其所为，所以动心忍性，曾益其所不能。"欲成大事，是要吃大苦、受大罪的。若有人耳提面命，告知你受苦之后必有所成，怕是你也会再三思考吧？

傅斯年等人是没人告知苦尽甘来的，可他们就那样在苦难中煎熬。艰苦的生活磨炼了这群留学生们的意志，锻炼了他们的人格，影响了他们的思想。在这段艰苦的岁月里，他们越发感受到平等的重要性。

在德国的这段经历，也对傅斯年日后的生活和思想产生了重要影响，他会终生要求贫富平等，对贫困的人施予援助等，这都与他亲身经历的凄苦年光分不开。正因亲身体会到了生活的不易，以及粮食等物的宝贵，他也才极力反对奢侈之风，浪费之行。

第五章　学成归国，发挥光热

1. 心属北大，身定中山

乡情不变，乡音难改。对大多远在异国他乡求学的学子来说，即使国外的生活再丰富多彩，引人驻足，即使那里有着琳琅满目的现代化的物品，让人有太多舍不得离去的理由，可他们心里始终清楚地记得，自己是中国人，总有一天还是要回去的。

民国时代，多数留学之人的爱国之心更强。他们几乎都在留学之后回到祖国，就职于国内的大学。早期有胡适、王国维等人，后来又有陈寅恪、刘半农等人。这些人回到国内后，都在国内著名大学任教，其中，在北京大学任职者最多。

1925 年，陈寅恪结束学业，回到祖国。当时，清华大学的研究院主任是吴宓，他十分器重陈寅恪，视其为"全中国最博学之人"，并极力向学校推荐。担任清华国学研究院导师的梁启超对陈寅恪也尤为尊重，常对别人说，自己的学问远不及陈寅恪的学问深。在两位名师的推荐下，36 岁的陈寅恪受聘于清华大学，成为教授，同时兼职在北京大学教书。

刘半农出国留学前便已是北京大学的教授，许多人认为，他只是因一些人时常对他的学识表示怀疑，才一怒之下出国留学。无论他出国深造的原因究竟为何，回国后，他将在国外学到的知识运用在教学中，对国内语言学的研究做出了很大贡献。蔡元培对他的归来十分欢迎，在他的支持下，刘半农建立了中国第一个语音实验室。此外，刘半农还从事了保护文物的事业。

傅斯年原本也打算结束学业后去北京大学教书，一则因为那是他的母校；二则因 1922 年时，他曾与北京大学的教务长蒋梦麟有过一面之缘，相谈甚欢。是年，代表北京大学去欧洲进行考察的蒋梦麟见到了还在伦敦大学就读的傅斯年，在此之前，蒋梦麟曾听说过傅斯年的名字，也听说过他的学识，只是不曾与他有过实际接触。此次见面，他对傅斯年多了一些了解，对其印象极佳。

在交谈中，蒋梦麟与傅斯年从古代聊到现代，从文学聊到时事，傅斯年独到而精辟的见解让他由衷地佩服。他从未见过一个学生能像傅斯年一般，如此博学，又能将所掌握的知识融会贯通起来，形成一套独特的理论。傅斯年滔滔不绝地谈着自己的看法，蒋梦麟则专心致志地听着，若是不了解实情的人见了，还以为是一名虚心的学生在听博学的老师授道解惑呢。

那时的民国即是如此，能者为师。无关身份地位，出身背景，有才学者，所行之处是受尊崇的。

蒋梦麟听罢傅斯年的高论，觉得他实在既有深厚的文学素养，又有关心天下大事的气概，既学识渊博，又思想深刻，说是天才也不夸张。他曾在对别人提及傅斯年时说："孟真之学，是通学，其才则天才，古今为学，专学易，通学难，所谓通学就是古今所说之通才。"

蒋梦麟对傅斯年的评价很高，也很中肯，他的这份欣赏和器重对傅斯年很有价值，简单点说，傅斯年毕业后若是想进北京大学教书，简直易如反掌，何况他的才华和学识也的确是北京大学所需。

傅斯年也曾认为自己会去北京大学教书。与蒋梦麟分别后，他还在信中提醒蒋梦麟在考察时要注意两个问题，一是将各国的大学行政制度进行比较，二是注意各国大学分别以什么为学术重心，以及分别注重对学生进行哪些方面的训练。

收到傅斯年的信，蒋梦麟一方面感激，一方面震惊。感激是因若没有傅斯年的提醒，他或许会在国外浪费许多时间，走许多冤枉路；震惊是因他没想到傅斯年不仅对时事、政治、学问有精辟之见，就连对学校的管理和规划都知之甚详。傅斯年的表现已经完全超出了他的预期，因此他心里也打定主意，一定要聘请傅斯年到北京大学任职。

自伦敦大学一别，傅斯年一直与蒋梦麟保持书信上的往来。1923 年，蒋梦麟成为北京大学代理校长，傅斯年进入柏林大学深造。两人都以为再续前谊指日可待，傅斯年也觉得结束学业后，进入北京大学教书是必然之事，可世事难料，傅斯年准备回国的那一年，国内发生了一连串大事。

首先是参加抗议日军炮击天津大沽口游行的学生们遭到政府的暴力镇压，死伤数百人。随后，北洋军阀下令对北京所有的"三个半学校"进行扫除，北京大学也在扫除之列。当时，在北京大学任职的鲁迅、李大钊等人都遭到了北洋军政府的通缉，无奈之下，他们只得离开北京，另寻出路。

同年 4 月 16 日夜，蒋梦麟得到密报，他的名字也在即将被捕砍头的名单上，情急之下，一名高官帮着他连夜逃离住所，躲进了六国饭店。六国饭店位于使馆界内，军阀不能进入，也不能对里面的人有所行动，蒋梦麟因此保住了性命。

3个月后，他乔装打扮，从六国饭店离开，逃出北京，回到老家隐居，从此再也无法去顾及学校的事情，更不要说邀请即将毕业的傅斯年来校任职了。

傅斯年虽身在国外，但当他得知国内军阀日益黑暗、世道日益混乱时，便预料到自己进入北京大学教书的事有可能无法成真了。离开德国前的两个多月，傅斯年曾在写给罗家伦的信中提道："北京大学事大约是散板了，至于回国做事，至今未定。"

那时文人人人自危，尤其思想开放者，多被军阀视为眼中钉，欲处之而后快。7月17日，胡适也离开了北京大学，名为前往英国参加庚款咨询委员会会议，实则为了躲避来自军阀的压力。随着胡适的离开，北京大学终于如傅斯年一早预料的那样，彻底"散板"了。从此，再也没有人写信给傅斯年，与他探讨治学之事，关于傅斯年结束学业后到北京大学任职的事也就这样不了了之了。

傅斯年没能如预期那样进入北京大学，成为母校的一名教授，却有另一个机会在等他。

离开德国前，傅斯年收到了广州中山大学给他的聘书。从中山大学方面来说，能够请到这样一位学富五车的留洋学者担任文学院院长，实在是他们的荣幸，而对傅斯年来说，能进入这样一所大学，既是机遇，也是挑战。

中山大学的前身是与黄埔军校一并称为"文、武两校"的广东大学，黄埔军校负责培养"武学"人才，即军职人员；广东大学则负责培养"文学"人才，即文职官员。当时，有许多官员都出自这两所学校。

广东大学由孙中山于 1924 年创办。当时，孙中山在由洋人创办的岭南大学进行演讲，并提出"造就人才的好学校，不可只有一个岭南大学"。他认为，想要为中国培养出更多的人才，必须创办更多如同岭南大学这般规模宏大、条理整齐的学校。于是，他在同年 2 月 9 日下令，将高师、法大和农专三所学校合并为一所设施完善的综合性大学，并将这所新创办的大学命名为"国立广东大学"，简称"广东大学"或"广大"。

广东大学初创之时一共有 4 个校区，孙中山虽有意将 4 个校区合为一处，并提出将新校区建在石牌，但这一计划却并未立即实施。直到次年，孙中山病逝，为了纪念他创办了这所大学，才将新的校址建立在了广州的石牌，并于 1926 年更名为国立中山大学。

广东大学的第一任校长是邹鲁，孙中山病逝那年，邹鲁因涉及一些政治原因被免职，学校的氛围顿时变得很混乱，各种派系纷纷诞生，互相之间斗得不可开交。学校更名后，新上任的校长戴季陶为了改变当时校内的混乱状态，提议聘请一些在当时有名的学者到校任教，同时更改学校领导机构的组织结构。

戴季陶在全国范围内进行筛选，最后选定了朱家骅为地质系教授兼系主任，鲁迅为文科教授兼教务主任。在思量由谁担任文学院院长时，朱家骅向戴季陶推荐了傅斯年。他说，他在德国留学时接触过傅斯年这个人，此人有真才实学，且学识非常渊博，在文、史学方面皆有极高造诣，甚至到了炉火纯青的地步，正好能解决中山大学文学院师资力量薄弱之困。就这样，傅斯年有了这个机会。

傅斯年不知即将迎接他的是什么样的生活，或许极具挑战，他想不了那么多，只是一往无前，毫不退却。

带着满身的书卷气，也带着满心的志气，傅斯年走进了中山大学的校门，担负起文学院长及国文、历史系主任的职责，欲将自己的学问传播给更多青年学生，以便为国尽力。

2. 满载学识，返乡报国

同样的大海，同样的蔚蓝，不同的心情，不同的希望。1926年冬天，傅斯年结束了在德国的学业，动身回国。同样是巨大的客轮，来的时候身边还有一人陪伴，回去的时候却只有他自己。

对客轮已经不会感到新鲜，对看不到边的大海也不会感到迷茫和担忧，此刻能让傅斯年有所忧心的是另一件事。毕竟自己已离开祖国太久，国内如今什么样子？自己所学是否能派上用场？暂时都是未知数。

人们常说，时间会磨砺一个人的意志，也会磨砺一个人的性格。傅斯年在外求学 6 年，时间不长不短，性格上自然有些改变，性情、志趣也与以往大不相同。不过，这 6 年的国外生活，绝没让他沾染不良习气，最本质的性格依然未变，他仍和离开祖国时一样，敢想敢做敢说，不矫情造作。

离开祖国时，傅斯年是一个热血青年，一心想着充实自己的头脑，一心想着学成报国。如今的他成熟了许多，也稳重了许多，知道报国之心不能改，可方式一定要变。

那个年代，一些学生在国外留学镀金之后，整个人大变模样，自认高人一等，是上流社会的人。他们穿着笔挺的西装，戴着镶有金丝边的眼镜，走起路来装腔作势，除了头发和眼眸是黑色的，皮肤是黄色的之外，看上去和外国的那些绅士们别无两样。

他们时常装模作样地随身带着几本洋文书籍，有时夹在腋下，有时拿在手中，也开始不抽烟卷而抽雪茄，仿佛这样能显出他们身上的洋气，显出自己没白到国外走一遭。

那些海归们喜欢用缓慢高昂的腔调与人说话，或许在口音上会有意无意模仿外国人，斯文中透着傲慢。他们一开口就是人文主义，却忘了人文主义并不是西洋思想，而是儒家思想。

傅斯年最是讨厌这般浮华做作之人，多年国外留学的生涯让他很清楚，这些海归与他不是一路人，也不是真正学到了国外先进思想理念的人。他洁身自好，一团正气，身上没有沾染一丝"洋绅士"的派头，他仍是他，那个真实的傅斯年，那个好友眼中的"傅胖子"。

英国人的绅士气质没有同化他，他的身上自始至终似乎都缺少温雅与谦和，这也是他的独有特质。他思想的深度增加了，表达方式却没有变得收敛，性情仍是刚烈如火，仍会为了自己的坚持与人唇枪舌剑，仍会我行我素，不在意他人眼光，仍会大力宣扬新思想、新文化和爱国主义精神，仍会极力争取思想上的自由、社会的民主和人权的平等……

客轮先后穿过大西洋、印度洋和太平洋，一波波深蓝色的海水看起来没有什么变化，傅斯年却知道，自己正在靠近祖国。

当客轮驶入维多利亚港，一片片哥特式的建筑出现在他的眼前时，他知道，他到家了。那天，天空格外晴朗，蔚蓝的天空，纯白的云朵，温暖的阳光，清新的空气……虽然第一次来到这里，可他却觉得这里有着他熟悉的气息——属于祖国的气息。

经历了6年国外的求学生涯，傅斯年终于回来了，带着满腹的学识和一身霸气凯旋！他的行李中没有德国的特产，没有国内见不到的有趣的小玩意，没有值钱的家当，有的只是他一些随身物品和大量书籍。于他而言，学问是无价的，是无法用金钱衡量的财富，他在国外过了许多年艰苦的生活，可学到了想得到的知识，这是最好的收获。

"祖国，我回来了！"傅斯年在心中激动地大喊。他走下客轮，站在码头上，深吸了一口祖国的空气，心里满是知足和坦然。可随后，他看到周围来往的人群中，有不少是金发碧眼的洋人，周围的建筑也都是清一色的西方风格，内心不免升起了一阵悲哀之感。这里是中国的领土，却也是西方列强的殖民地，思及至此，傅斯年不由可惜、心痛。

香港，一座靠近太平洋东海岸的港口城市，从这里过去，就是傅斯年即将到达的目的地，也是他即将开始任教生涯之所——广州。

中山大学很重视傅斯年，得知他到达的日期后，便派了人早早地在码头等候。傅斯年一下客轮，便见到了中山大学专程派来接他的人。

能进入中山大学，主要是朱家骅的功劳。朱家骅也曾有过留洋的经历，也曾在北京大学任教，且也曾与蒋梦麟一同受"三一八惨案"牵连，不得不逃回老家避难。就在其避难之时，张静江将他推荐到广州中山大学，请他担任校务副主任委员和代理校务委员长的职务。就这样，朱家骅来到了广州，进入了中山大学。

就职北京大学时，他曾多次听蒋梦麟提到过傅斯年，对傅斯年其人有一定了解，但并不深刻。正在他苦苦寻觅一名能主持国文系与史学系的能人时，又再一次从蒋梦麟等北京大学同事口中听到傅斯年的名字，据他们说，留洋过后的傅斯比之前更加擅长文史学，确实是不可多得的人才。他还听说，傅斯年本打算进入北京大学，无奈北京大学发生变故，他才一时间不知去向何处。

这真是踏破铁鞋无觅处，得来全不费功夫。朱家骅立刻向戴季陶提出，要选傅斯年为文学院院长。当时，担任中山大学的校务委员顾孟余曾在北京大学担任过教务主任，对傅斯年其人其事也早有耳闻，他知道傅斯年是当时校园中的风云人物，精通国学，还擅长其他学科；懂传统学问，还有先进的思想；学业出色，还在学生中有极大的号召力。比起当年，在国外留学之后的傅斯年一定更加出类拔萃，所以当朱家骅提议聘请傅斯年时，他立刻同意了。

戴季陶不认识傅斯年，但听完朱家骅和顾孟余的介绍，他想，中山大学正需要一位像傅斯年这样对新文学有创造力，对新史学也负有时誉的人，于是他立刻给傅斯年下了聘书，请他回国后到中山大学任职，主持国文和历史两系的日常事务。为了避免这样的人才被其他学校挖去，他即刻请朱家骅联系傅斯年，请其来校。

戴季陶的决定十分明智，就在他们打算聘请傅斯年时，清华大学也正准备聘请傅斯年。自得知傅斯年去北京大学无望后，早一步回国的陈寅恪便开始帮傅斯年留意就职机会。1926年11月，清华教务长梅贻琦找到陈寅恪，向他询问是否有合适的中国文学教授时，陈寅恪立刻推荐了傅斯年，并详细介绍了傅斯年的情况。梅贻琦听过之后，很有兴趣，不过还是晚了一步，傅斯年已被中山大学聘去了。

在中山大学，傅斯年第一次完成了身份上的转变，从一名一心向学的学生转变成为一名教书育人的老师，这对他来说的确是一次挑战。在学问的传授方面，傅斯年无须担心，因为渊博的学识早已可化解任何难题，学生们的不解之处是难不倒他的。在品德方面，他也不需要特别留意，因他原本就是一个品德高尚，能为人师表之人。可作为一名老师，不但要有学问和高尚的品德，还要有一定的授课技巧，让学生们清楚理解自己想要表达的意思。

后来的事实证明，他在各个方面均做得十分出色。在中山大学期间，他为学校立下汗马功劳，包括加强学科建设、不拘一格聘请大量教授、改良校园风气、成立史语所、设立心理学研究所和教育研究所、创办民俗学会等。他时刻以培养学生能力为己任，对学生和教学认真负责，注重学生对新知识的获得和应用。为了帮助学生们学习，他甚至利用自己的休息时间亲自为学生们编写教材和讲义，废寝忘食。

不知朱家骅在极力推荐傅斯年时是否想过，他的极力推荐给了傅斯年一个机会，也给了中山大学一个机会。若他们没有聘请傅斯年，也许中山大学不会在那一时期发展得如此迅速，学风也不会发生巨大改变。言至于此，傅斯年对中山大学的贡献绝非三言两语尽可表述的。

3. 中大教学，决裂鲁迅

少小离家老大回，乡音无改鬓毛衰。傅斯年国外求学，不至于少小离家，不至于两鬓斑白，可内心思乡之情日切。

归心似箭，到达香港后，傅斯年被中山大学的接待员带到学校，匆匆办理了手续，然后急忙回家省亲。回到久违的故处，傅斯年悲喜交加，上次离开时，还能听到祖父母的叮咛和嘱咐，此次回来，家里冷清了许多，母亲也更加苍老了。傅斯年格外珍惜这段与母亲在一起的日子，时时陪在母亲身边，为她端茶倒水，以表孝意。然温馨的时间转瞬即逝，同年 12 月，傅斯年离开家前往广州任职，并带了他的弟弟傅斯岩同行。

广州位于广东省的东南部，珠江三角洲的北部。广州历史悠久，传说周朝时期曾有五位骑着羊的仙人来到这里，每人为广州带来一种谷穗，并为广州施以祝福，所以广州才会一直五谷丰登，并被称为"羊城"。

民国时期，孙中山在广州建立了政权，并开始对广州进行一系列改造。1921年，广州正式成为"广州市"。

广州的冬天与北方不同，冷得不比北方烈。在这里，几乎见不到穿棉衣的人，大雪也是鲜有出现的，只能在湖面上看到薄薄的一层冰，薄得一碰就碎。这里的天气多数晴朗，偶尔会下雨，树木有不少四季常绿，一眼看去，分不清冬天还是夏天。唯一能让人感受到季节变化的，就是白天变短了，黑夜变长了。

傅斯年到达广州时，上学期已经结束，学校正放寒假，可他并没有在这段时间里过得悠闲。在这个寒假里，学校安排他为一些学生进行国文、数学和外语的补习和指导，故而学校还没开学，傅斯年却已经提前开始了他的教学生活。

寒假结束时，经过他补习的学生们的学习都有了明显提高。傅斯年也渐渐适应了广州的生活。

1927年3月，傅斯年正式开始了他在中山大学的教学生涯。通过上一学期的期末考试，学校清理了一大批学习成绩过差的学生，人数从2000多人变为1600多人。一些授课不佳的老师也被开除出校，人数从400多人变为70多人。

如此大力整顿，老师人手必然紧缺，导致那一时期的中山大学里的每位老师都身教数科。能者多劳在这时期表现明显，傅斯年国学功底深厚，被派去教授《尚书》、古代文学史和陶渊明诗，又因在英国主修过实验心理学，便又被安排了心理学的课程。

新学期开学后，傅斯年便开始了忙碌的教学生活。虽初为人师，他却丝毫没有任何不适应或不习惯，也许这与他从小就乐于助人，经常给同学们讲解难题的经历有关。曾经的"小先生"如今成了真正的大学讲师，面对一群与当初的自己一般求知若渴的年轻人，傅斯年颇感欣慰，很愿意把自己所学尽数散播出去，让他们学会思考、学会创新，不再走老路、说老话、用老旧的思想去过新生活。

除从事日常教学，傅斯年还时常帮助朱家骅筹划校务，参与学校的各项计划。傅斯年性格豪放，胆识过人，加之本身就具有较强的学识，每每都能提出有利建议。朱家骅见傅斯年不但懂得治学，还懂得治校，一方面欣喜自己的眼光和推荐没有错，一方面对傅斯年更加佩服，将其引为知己。

在朱家骅眼中，傅斯年为人"磊落轩昂，自负才气不可一世，执笔为文，雄辞宏辩，如骏马之奔驰，箕踞放谈，怪巧瑰琦，常目空天下士"，在某些人眼中，这样的性格和作风可能过于狷狂，可他却认为，这恰好是傅斯年过人之处。

与众不同之人必要有不守规矩约束之天地，朱家骅深知这点，对傅斯年赋予特权，让他能在校园中尽情施展拳脚，一旦有好的建议和想法，尽管大胆提出，大胆去做，不必过虑。

万物复苏的春天，到处透着新鲜和生机。新的生活和工作让傅斯年充满了干劲，他乡遇故知的喜悦也让他欣喜万分。

对傅斯年来说，能在中山大学遇到鲁迅，是他之前万万没有想到的，虽然傅斯年出国留学后，二人之间的联系断了一段时间，可这并不影响二人曾经在彼此心中留下的美好印象。失去联系的日子里，他们也会不时想起对方，想起曾经的通信，心里感慨万千。

如今，在这片陌生的土地上，两人能再次相逢，且成为同事，确实是件令人开心和激动的事情。

傅斯年在创办《新潮》时，曾写信向鲁迅请教，鲁迅也有回信，对《新潮》提出了一些意见和建议，言辞之间尽是对《新潮》的欣赏和关怀。自那之后，鲁迅便对傅斯年心生好感和喜欢之情，他非常欣赏这个思想敏锐的青年人，断其绝非池中之物，日后必然会有大作为，取得大成就。傅斯年当时本就对鲁迅抱有崇敬之情，在通信往来之中，也与鲁迅渐渐建立了一种新文化运动号召者之间的革命友谊。

鲁迅于 1927 年 1 月进入中山大学任职，担任中文系主任兼教务主任。之后没过多久，傅斯年便也来到了中山大学。再次见面时，两人不禁唏嘘，想起曾经同在新文化运动中付出过的努力，在传播新文化、新思想的道路上所经历的那些事，内心的热血仍会沸腾起来。

鲁迅入职较早，傅斯年入职后处处向鲁迅请教，鲁迅也非常热心地给予他帮助，带他熟悉学校的环境及工作，校园里经常能看到他们二人在一起吃饭、行走、聊天的身影。鲁迅吸烟，傅斯年也吸烟，据说当时，两人经常咬着烟卷思考和讨论问题，并且常常是一人递过一根，另一人便自然地接住，看起来俨然是相交多年，已不分彼此的好友。

傅斯年告诉鲁迅，他在欧洲留学期间接触过各种与自然和社会相关的理论，了解到多种不同观点，也听取了许多不同声音，从中得到了不少治学的方法，这些方法都各具特色、优势，若将它们引入国内，适当应用到传统的教学过程中，一定会对中国的传统教学产生巨大影响，让国内的治学方法得以纠正，对年轻的一代来说，自然益处良多。

鲁迅十分赞成傅斯年关于治学的这些想法，他也认为应将国外先进的东西尽可能"拿来"，然后经过提炼，将它们变成适合国内的，有益的东西。

文人间有惺惺相惜，也会一语不合。傅斯年和鲁迅在诸多方面观点一致，但不代表毫无摩擦。他们之间也曾发生过一些不愉快，这都源自各自持有不同的政治观点。事实上，这些不同的观点早在新文化运动期间就一直存在，只是当时二人目标一致，才没有暴露出来。

傅斯年提倡"改良"而非"革命"，鲁迅却恰好相反。进入中山大学后，关系到政治观点的事接二连三地发生，都成为一条条导火索，最终引爆了傅斯年与鲁迅之间的矛盾，致使二人关系彻底破裂。

第一次严重冲突发生在 1927 年 4 月 15 日，由于政治上的冲突，广州发生政变，中山大学的一些学生被捕，鲁迅获悉后极为愤慨，急忙召集了一大批人准备营救被捕的学生，可傅斯年在这件事上却没有表示出与鲁迅相同的态度。看到傅斯年不但不与自己为伍，反而站到了自己的对立面，鲁迅颇为失望，与傅斯年之间也开始有了隔阂。

因为这次事件，鲁迅对傅斯年的热情和欣赏渐渐变冷、变淡，虽不至于分道扬镳，但在明眼人看来，他们已明显不再是当初亲如兄弟，不分彼此的朋友了。再也难看到他们一胖一瘦地站在一起谈笑风生，也难听到他们二人聊到兴起时扬起的声音，更不见他们互相用欣赏的眼神去打量对方。

后来发生的一件事，则让鲁迅彻底与傅斯年断了情谊，此事与傅斯年的好友顾颉刚有关。

傅斯年极重情谊，他不想得罪鲁迅，也不想伤害顾颉刚，何况他与他们二人之间都没有任何恩怨，不过是一些性格上的不同和思想观念上的差异而已。不过既然鲁迅选择了不再与他相交，切断两人之间的关系，他也就不再勉强。

傅斯年就是这样一个人，对理想执着，对人顺其自然。多数情况下，他都表现得非常强势，唯有那些知根知底的人才愿意与其为友，这也决定了他从不会勉强一个人与他为友。他不在意别人的眼光，更无须刻意与他人维系已显裂痕的情谊。或许在他心里，只有与学问有关的事才是需要争执，需要磨合的，至于朋友之交，有心，相知，足矣。

4. 扩充师资，广纳人才

世事无常，福祸相依。许多时候，人们的好心会办坏事。傅斯年在中山大学一直任劳任怨，勤恳教学，可是人就会犯错。在广纳人才这件事上，他本是好心，自然没想过会出现意料之外的结果。虽不能从严格的意义上去定义那个结果是好是坏，但对傅斯年而言，那总是他人生中一次很不愉快的经历。

傅斯年在中山大学任职期间，为了扩大学校的师资力量，让学生们能得到更多、更深、更好的教育，他决定邀请一些全国知名的教授和学者来校任职。

古往今来，成事者皆雷厉风行，傅斯年也是如此，执行力很强，无论任何事，前因后果想清楚后马上执行，绝不拖延。很快，他将想要聘请的人员名单列了出来，打算立刻逐一对他们动员。当时，在厦门大学任教的顾颉刚也在他的这批名单里。

本以为当初志同道合的好友能与他一起在中山大学大展拳脚，有所作为，却没想半路杀出个程咬金。为了聘请顾颉刚，傅斯年遇到了一个极其棘手的问题。

此次吸纳优秀师资一事，原本傅斯年自己就可做主，但鲁迅毕竟是教务主任，这么大的事情应该让他知道，傅斯年便将自己列出的名单送到鲁迅那里，告知他自己准备聘请一批新老师。

鲁迅依次查看名单人名，当看到顾颉刚的名字后，突然变得十分愤怒，当即表明只要顾颉刚一来，他马上辞职。傅斯年大吃一惊，对鲁迅的过激反应甚为奇怪。当时他脑子里思考的都是如何提高学校的教学质量，加强学校的师资力量，没有多余的心思去顾及鲁迅的感受，更没精力去研究鲁迅和顾颉刚之间是否发生过什么矛盾，有过什么恩怨。

事实上，鲁迅和顾颉刚之间确实是有矛盾，且矛盾很深，已触及鲁迅的"禁区"。

鲁迅与顾颉刚的老师胡适都是新文化运动中的先驱，只是所站阵营不同。他们各自崇尚不同的学术，胡适相信历史的进步，提倡引入规范；而鲁迅不相信历史的进步，提倡打破规范。顾颉刚作为胡适的追随者，时刻以胡适马首是瞻，自然也就令鲁迅看不惯。

鲁迅曾在北京经历了著名的"女师大风潮"，并因此与"现代评论派"的陈源和徐志摩等发生冲突，从而极其厌恶那些从海外留学回国的"海归派"和只知躲在研究室里做研究的"学院派"。顾颉刚又正属学院派，这不由得让鲁迅加重了对他的排斥感。

1926 年，有人说鲁迅的《中国小说史略》并非鲁迅本人所作，而是剽窃了日本学者盐谷温的《支那文学概论讲话》，此话一出，立刻引起了不小的轰动。当时与鲁迅对立的阵营中，陈源得知此事后信以为真，未加核实便立刻写了一封揭发信，对"鲁迅剽窃他人作品"这件事大加指责，并在徐志摩编辑后，将信发到了《晨报副刊》上。

莫说当时的文学界和学术界，即便今日，剽窃他人作品或成果都是极大的恶名，这两界的人都以自己的创作研发成果为荣，若剽窃事情属实，剽窃之人日后将再无出头之日。

在报纸这样的公开媒介上被指责剽窃他人作品，对鲁迅的影响可想而知，他觉得这简直是奇耻大辱，心中极其愤慨，当即写长文反驳并发表。陈源看到鲁迅的回应，又书一文，二人之间开始了一场激烈的论战。

整件事的过程，主角分别是鲁迅与陈源，他们之间有了矛盾，顾颉刚并没有亲身参与，可或许因顾颉刚与陈源等人关系密切，鲁迅认为他与这起事件也有密切关系。加之陈源曾在一篇刊登出的文章中提到，他与顾颉刚私下谈话时，顾颉刚也认为鲁迅的作品是剽窃的，鲁迅自然认为顾颉刚必然脱不了干系，认为他是那种表面不说，却专门喜欢在背后议论人的人，而同入厦门大学教书后发生的事，则更让鲁迅认定顾颉刚是一个心机极重，工于算计的小人，与之关系日渐冰冷。

1926 年，鲁迅和顾颉刚在当时担任厦门大学文科主任的林语堂的邀请下入校任职。刚入校时，两人之间并没有出现明显矛盾，在工作上也经常互相帮忙。可没多久，顾颉刚碍于情分，推荐了几个熟人到校教书，他们恰巧又都是现代评论派的人，如此，鲁迅与顾颉刚的关系变得越来越僵。顾颉刚推荐熟人来时并没有针对性，可对于鲁迅而言，他的做法明显是在拉帮派，孤立自己。

9 月，鲁迅在写给许广平的信里先后表示："顾颉刚是胡适之的信徒，另外有两三个，好像都是顾荐的，和他大同小异，而更浅薄……""顾颉刚是自称只佩服胡适陈源两个人的，而潘家洵、陈万里、黄坚三人，似皆他所荐引……""这人是陈源之流，我是早知道的……先前所谓不问外事，专一看书的舆论，乃是全都为其所骗。"

12 月，鲁迅在写给许广平的信中又提到，顾颉刚"日日夜夜布置安插私人"，厦门大学眼看就要成为现代评论派的天下。由此可见，鲁迅对顾颉刚的不满情绪日益增长，已到了难以忍受的地步。鲁迅与顾颉刚之间的矛盾发生时，傅斯年还在国外，对这些事情自然不了解，因此当鲁迅表现出对顾颉刚的极力排斥时，傅斯年一头雾水之余，只是对他动之以情，好言相劝。

鲁迅的倔脾气也很有名，傅斯年眼见劝不动他，索性不再与之纠缠，打算直接把顾颉刚请来。他本以为，过些时日，鲁迅气消些，就能接受这一事实，谁知鲁迅竟向学校提出辞职申请，表示绝不与顾颉刚同校任教。傅斯年担心校方就此妥协，也立刻提出辞职，声称以后再也不过问中山大学的事情。

事情闹大了，两个才学大家对立而视，最难做的是校方。朱家骅没有办法，思考再三，只得让顾颉刚先去外地为学校采购一些图书，之后再来学校报到。却没想到顾颉刚还没踏进校门，鲁迅便离开了。离开后，鲁迅还在给友人的信中说："我到此只三月，竟做了一个大傀儡，傅斯年我初见，先前竟想不到是这样的人。当红鼻（顾颉刚）到此时，我便走了……"

聘请顾颉刚的后果，是使中山大学失去了鲁迅，傅斯年并不愿如此，可他毫无私心，只想着广纳贤才。为了留住人才，他不辞辛苦，付出诸多心血、汗水；为聘请到心仪的学者，他不惜四处奔波，亲自上门拜访游说。

1927 年暑假，傅斯年打算聘请一代词宗朱祖谋入校任职。朱祖谋出生于官吏之家，曾在清朝入朝为官，辛亥革命后开始专攻词学，时有意境深远的作品诞生。他创作的词不同于其他大家，有着独特的格律和音调，被人们称为"律博士"和"宗匠"。

傅斯年希望他能进入中山大学，教学生们古典文学，可朱祖谋当时已年过七旬，只想安度晚年，不愿出门教书，纵然傅斯年顶着烈日上门拜访，诚意十足，他还是婉言谢绝了其诚心之邀。

见傅斯年有些失落，朱祖谋向他推荐一人，此人名为陈洵，与朱祖谋因文相识，也非常善于作词。傅斯年得知陈洵当时人在穷乡僻壤，便立刻动身，前往陈洵所在之处拜访并邀请他。

陈洵所在的乡下与傅斯年所在地方相隔甚远，路也不太好走，当时正是盛夏，天气无比炎热，傅斯年又较胖，一路赶去不由得满头大汗，气喘吁吁，可他毫不在意，急匆匆地赶到乡下，将一纸聘书递到了陈洵手上。

陈洵了解到傅斯年的来意，好生感动。他没想到自己能在六旬高龄时仍能得到聘请，并且是由中山大学的文科院长亲自送来聘书，满心感激之情难以言喻。陈洵在家中备好酒菜，与傅斯年一边吃，一边谈论唐诗宋词。一顿饭结束后，两人对彼此都多了一层了解。陈洵对傅斯年更加敬重，傅斯年对陈洵也更加青睐。在傅斯年看来，能有这样一位造诣深厚的先生任教，学生们一定能受益匪浅，心中的喜悦之情早已容不得他在乎天气了。

就读于北京大学时，蔡元培提倡的百花齐放的学术氛围和海纳百川的聘用制度让傅斯年受益良多，以至当他自己也身处教育行业时，不自觉地延续了这种理念，用人时不介意对方的身份和学历，比如陈洵，不过是一名没有学历的乡村野老，然傅斯年领教到对方对古典诗词的造诣后，不由得由衷钦佩。

英雄不问出处。本着只重真才实学、不重学历背景的原则，傅斯年广纳人才。他也采用了蔡元培当年"兼容并包"的方法，同时聘用现代科学知识丰富的"新派学者"和国学根基扎实的"耆旧宿儒"。他竭尽全力，不放弃任何一个机会，也不漏掉任何一个他认为有利于学校发展和学生教育的人。

在他的努力劝说下，许多北方的学者纷纷南下，来到中山大学任教。吴梅、丁山、何思源、赵元任、罗常培、汪敬熙、杨振声等人都是在这一时期被傅斯年聘请到中山大学的。

对于中山大学的师资足见傅斯年功不可没。与鲁迅有隙之实，也非他所愿。傅斯年性情直率，一生中也难免得罪多人，可这与他在文化、民族事业上的筑基相比，是何等的渺小啊！

5. 大师授教，显露本真

近朱者赤，近墨者黑。与圣人居，自是一身高雅之气。对学生来说，除了同学，老师是他们每天接触得最多的人，其一举一动，一喜一怒，都关乎着他们的校园生活如何开展，也关乎着他们的命运走向何处。

今天的影视作品中，时常塑造一些特立独行，又深受学生喜爱和尊重的老师形象。一些过于严厉死板的老师，最后也会被学生理解其良苦用心，重点只在于他们是否能做到"课上为师，课下为友"。

傅斯年做到了这一点。

虽然教学、管理和编辑教案的任务已经让他忙个不停，有时也会感到一丝倦意，但无论多忙，他都会抽出一些时间和学生们坐在一起聊天，听听他们的想法，再给他们一些建议。傅斯年从来没有架子，又见多识广，学生们也都愿意跟这个外形上颇有

"喜感"的老师聊天，对他所提出的建议也乐于采纳。

中山大学有自己的出版部，并附有民俗学会，在民俗学会的活动室里，学生们时常能看到傅斯年的身影。他每每都呈现出一种姿态：几乎保持着同一个姿势坐在一张大大的桌子面前，低着头，在面前的纸上奋笔疾书。有时，他也会停下手中的笔，坐在那里仔细端详着写下的东西，然后再提起笔在上面勾画、修改，表情严肃而认真。

傅斯年较胖，容易出汗，他往往一手拿笔，一手拿手绢，写上一会，便抬起另一只手，擦去额头上的汗水。擦汗的动作已成了他的标志性动作，在讲话时也会如此。

起初，学生们每次进去都尽量轻手轻脚，希望不会打扰他，但后来他们发现，傅斯年专注的时候根本不会注意外界的情况，他已将全身心都投入到所写所思之中。一些去过傅斯年家的人也曾这样描述他：他在专心工作时，无论身边有什么人在说什么话，都无法吸引他的注意力。

老师的职责除了教书，还有育人。在学生眼中，傅斯年是一位尽职尽责的好老师。不但教他们学问，也教他们做人。

儿时的种种经历让傅斯年对读书产生了与众不同的理解，他时常劝学生们要多读对解放思想有益的书，扩充自身的知识储备，不要读死书、死读书。

传道授业解惑，是傅斯年最擅长的，可这个博学之师太不修边幅，甚至可称其为中山大学的"流浪汉"。

当时，大多数"海归"都很注意外表，女人会穿洋装，烫卷发，戴高档的首饰；男人会把头发弄得或服帖，或新式，然后穿一身笔挺的西服，戴金丝边的眼镜。相比于他们，傅斯年外形令人不禁侧目：头发很茂密，很蓬松，也许是因为太忙没有时间打理，也许是他根本不屑于打理，或者两者兼有。总之，学生们每次见到他时，他总是顶着一头乱乱的头发。

据傅斯年的学生温梓川回忆，由于近视，傅斯年总戴着一副玳瑁的副罗克式大眼镜，看起来有些滑稽，但也十分可爱。在衣着方面，他最常穿的是一种大翻领的 ABC 衬衫，这种衬衫在当时是走在流行最前沿的服饰，很多人都喜欢穿，可同样的衣服穿在傅斯年身上，那种原本的时尚感荡然无存。再加上他总在外面加一套白色的西装，远远望去，全然不像一个留洋回来的学者，反而更像是邋遢的另类艺术家。总而言之，怎么看他都与"海归"的学者不搭边。

傅斯年不修边幅，不注意形象，别人笑话他，说他这样实在有损大师形象，他也从不介意。他知道，外表是否华丽并不重要，重要的是内在，他也经常向学生们传递类似的思想。

一次，温梓川向傅斯年提到，他想买一本《民间文艺丛话》，这本书是由中山大学民俗学会的创办人钟敬文编写，并由中山大学出版社出的。傅斯年听过之后，先问温梓川是哪个系几年级的学生，又问他是否对民间文学感兴趣。当得到肯定的答复后，傅斯年很高兴，便让温梓川对这本书提些意见。

温梓川说，书的内容不错，但是封面太过普通，看起来缺乏美感。听到这样的评价，傅斯年郑重其事地告诉他，决定一本书好坏的不是封面，而是书的内容，如果喜欢书的内容，就不要对封面这种表面的东西太过在意，朴实无华的东西往往是最有深度的。他又说，做人也是如此，不能只顾着追求表面上的华丽，即使家境优越，也不能有喜好奢华之心，要多关注内在的学识和思想。

傅斯年育人，没有空洞的说教，总在日常的细枝末节中切中要害，令受教者莫不五体投地。

　　傅斯年始终奉行学无止境，在求学这方面，他是所有学生的榜样，众人对他的博学多识自然佩服万分，也就自然对他提倡的学习方式和理念格外赞成，并一一效仿。至于为人处世方面，傅斯年虽稍有刚愎自用之态，看起来霸道不讲理，但细想之后便会发现，他的那些"蛮横"不会对其他人造成伤害，仅是不计后果地坚持己见罢了，何罪之有？

　　傅斯年有爱才之心，这源自祖上传承。傅家算得上是教育世家，先祖傅以渐曾做过幼年康熙的老师，祖父傅淦曾做过私塾先生，父亲傅旭安曾在龙山书院教书，后又升为院长。傅旭安在任龙山书院教书时，不顾自己收入微薄，常对书院里那些学习刻苦却家境贫困的学生予以资助，并在出任院长之后将在外结识的青年才子侯延塽带入书院，资助其读书，这才有了后来侯延塽带傅斯年去往天津学习之事。

　　有祖上的渊源，傅斯年也如父亲一般，对学习刻苦且天资聪颖的学生格外关爱。他觉得，这样的学生如果不做学问实在可惜，所以这样的学生有困难，他必定竭尽所能，绝不袖手旁观。

　　世间万事似乎于冥冥之中早有注定，傅斯年上学时曾因文章写得好引起过老师们的注意，后又因文章不断发表成为同学们心中的偶像。如今，他被一个文章写得好的学生吸引住了目光。这个学生叫陈槃，傅斯年认识他时，他只是中文系一名普通的学生，除了按时上傅斯年的课之外，与傅斯年并没有实质上的接触。直到1928年，傅斯年发现他有一篇关于《离骚》的文章写得非常出彩，不但文字功底扎实，且别有新意，才加重了关注度。

　　傅斯年仔细阅读了陈槃所写的文章，很是欣赏，不由得在他的文章下面写了一大段评语，之后又找到陈槃寝室，与他进行了一次面对面的谈话。

陈槃看到傅斯年出现在自己寝室时有些意外，而当得知其来意后，便安心地与之热聊起来。在谈话中，傅斯年更加欣赏陈槃，对他大为赞扬，并鼓励他继续努力，写出更好的文章。谁知就在他们谈过话的当天下午，陈槃遭人陷害，被抓进了警察局。

傅斯年闻听此事，心急如焚，他担心时间一久，陈槃会在警察局里受人欺负，于是急忙给狱卒送去一百大洋，托他们对陈槃多多关照。打点完狱卒，傅斯年又直接找到警察局的领导，了解了事情原委，与当局进行交涉。

傅斯年口才极好，何况陈槃本就没有罪，所以没用多久，傅斯年便说服警察查明了真相，将陈槃保释出来。

这件事对傅斯年来说不大，可于陈槃而言，却是再造之恩。自此，陈槃对傅斯年的感情发生了变化，不仅视他为恩师，更视他为恩人。后来，陈槃每每提及此事，都不由激动得热泪盈眶。

后来，傅斯年得知陈槃家境贫困，为确保他能顺利完成大学学业，以私人名义对陈槃进行了资助，又在成立史语所后将陈槃聘为助手，每月支付他 25 元的补助。

傅斯年不仅关爱陈槃一人，也关爱其他贫困生。当时，中山大学的许多家境贫困的学生都受过傅斯年的资助，或从傅斯年那里获得勤工俭学的机会。这些学生们一边读书，一边辅助傅斯年做研究，从中领取补助，最终顺利完成了学业。

毕业时，学生们的内心充满了对傅斯年的感激，而傅斯年看到自己辛勤栽培的学生们成了才，更是无比欣慰。

为人师者，是要在精神上鼓舞、校正，傅斯年一生教过的学生不计其数，其中更有非富即贵者，亦有在学术上颇得成就者，于他而言，这是分内之事，不需炫耀，也不必沾光。他之为国之心，已在悉心对待每一名学生上得以显现。

6. 自编讲义，独具匠心

学校一如社会，是聚集能人贤士之地。以老师为例，性格不同，经历不同，喜好不同的一众老师，讲课风格也不尽相同。他们每个人都有其自己独特的讲课风格，或风趣幽默，让学生们总浸在大笑之中；或一板一眼，给人以老学究的传统风貌；或旁征博引，将一堂普通的课变得生动有趣；或口若悬河，让听者如痴如醉；或寡言少语，除了重点，一句废话都不会出现。

民国时期，涌现出的一大批教授也分别以各自独特的讲课风格而闻名：胡适最擅长演讲，从神态到姿势，再到语气，无一不凸显他的学者之风，也格外能让听者感动；徐志摩在讲课时，从来不遵循传统模式，有时甚至会把学生带到郊外授课；梁启超讲课时感情投入甚多，学生们往往会不自觉被他带入另一个知识的世界，直到下课都不忍离席；鲁迅讲课时，语气中尽显冷静和沉着，不喜不愠，仿佛看透了整个世界。

还有一些不善言辞的教授，授课时大多照本宣科，批改学生作业时又非常认真，时常会写下大段的评语，细致之极。

相比之下，傅斯年的讲课风格比较偏向于第一类，这应该与他自小就善于表现和表达的性格有关。不过，他在批改学生作业时也不失细致，若是有哪位学生写的作业触动了他的内心，他便会写下大段评语，有时还会找学生进一步详谈。

傅斯年在中山大学教过《尚书》。《尚书》是他早在大学期间便已经熟知的书籍，书中的所有知识点都早已深深地印在他的脑子里，以至他在讲课时，不需看书，便可以信手拈来其中的一段，并加以详细地解释说明。据他的学生回忆，他在讲《尚书》

时从来没有拿过书，也没有拿过讲义，每次讲课前都会徒手将要讲的那些段落默写在黑板上，然后一段一段地分步讲解，让学生们看得目瞪口呆。

在教授古代文学史时，傅斯年也没有按照课本的套路授课，因这一科本就没有成型的课本。没有课本，他这样的大家腹中有千秋，可学生要怎么上课？傅斯年想了许久，决定亲手为学生们编写教材。

无数个深夜里，其他人都已入睡，傅斯年却仍俯在案前借灯编纂。他仔细地思考，仔细地回想，将每一个知识点都转化为钢板上刚劲有力的字迹。一笔、一画，都充满了傅斯年的心血，都是他智慧的结晶。刻好后，他将这些钢板印成文字材料，发给学生们，学生们拿在手中，心中自是无限感激。

有时，时间比较紧，来不及用钢板刻印，傅斯年便直接在用蜡纸写成的草稿上修改一番，然后直接拿去复印。编写教案需要付出极大的心血和耐心，稍有不慎，是可能祸以一代甚至几代人的，此事很担风险。

抱着对学问的谨慎，傅斯年的每一份手稿都会再三检查过后才进行复印，一旦发现其中有不完善之处，当即审慎修正，学生们总能在拿到的教材上看到傅斯年勾抹的痕迹。

编写教案是件很辛苦、很枯燥的差事，特别是在没有成型的参考书的情况下，想要编写出一本实用性教材更是难上加难。编写时，不但要注意知识的真实性，还要注意语言表述是否恰当，表达思想是否正确。若编写者一不留神把个人的主观思想和意见融入教材里，其本身的客观性便随之消失，成了一本个人品鉴录，这势必会对学生造成误导。

傅斯年一生编写了许多教材和讲义，其中《中国古代文学史讲义》和《诗经讲义稿》是他在中山大学任教时编写的，《史学方法导论》则是他后来任职北京大学时编写的。三部作品，凝结了傅斯年的心血和智慧，堪称经典之作。

在中山大学任职期间，傅斯年的时间并不宽裕，除了上课，还需备课、管理行政、做研究等，此番加上编写讲义，时间更紧。为了不耽误课程进度，他每天晚上都会专心编写讲义，直到凌晨才能入睡。不过，饱受睡眠不足之苦的他，精神状态依然良好，他的学生们说，他在讲课时永远是慷慨激昂的。

傅斯年授课力求达到目的和效果，不希望学生鹦鹉学舌。在《中国古代文学史讲义》的开篇说明中，傅斯年指出，文学的转移与朝代的转移并不同步，很多时候，朝代的更替并没有让文学也随之发生变化，在同一朝代中也可能发生一些文学领域的变化，不需要将文学分期看得太过于固执。他进一步提出，"我们必求分别文学时代于文学之内，不能出于其外，而转到了政治中"，号召学生们在学习和研究文学时，虽然要注意文学作品与当时政治、思想之间的联系，却不能将文学和政治的时期混为一谈，以免造成文学的支离感。

傅斯年知道，学生对自己非常依赖和敬重，对自己所教的知识笃信不疑，但他并不希望学生将他的话视为"圣旨"，只知听取和模仿，不知变通，若真是那样，岂不是又和古时那种，因崇拜一人而推崇他的学问一般了？

傅斯年愿意成为学生们求学途中的一盏明灯，可他只想为学生们照亮视野、前路，并不想为他们固定某一个方向。

《中国古代文学史讲义》中包含了史料论略、诗部类说、楚辞余音等章节。在史料论略中，傅斯年指出研究文学史时，"既不可以从传统的权威，又不可以随遗传的好尚"，不能"别裁伪体亲风雅"。

　　傅斯年眼中的古代文学魅力无穷，而想要体会这种魅力，唯有亲自去阅读原文，而非读别人写下的分析和总结出的内涵。若是如此，内涵丰富的古代文学之精华也味同嚼蜡了，众人都只朝着那一个已有的方向去理解、研习，自然就把学问学死了，也无法让古代文学的魅力得以展示。

　　傅斯年支持学生们对古代文学有不同见解，他不想把讲义写成一个唯物史观的文学史，并表示，自己所写的这本讲义，只是为了辅助学生们学习古代文学，刺激他们产生想要阅读古代文学的念头。为了不干扰学生创新思维的萌发，他在这本讲义中没有加入过多自己的感悟，只是将最准确的客观信息，如作品产生的时间，作者的个人资料等详尽收录进来，作为学生们的参考资料。

　　《诗经》是中国历史上出现最早的诗歌总集，原称"诗三百"，后因被儒家学派认为是诗歌界的经典之作，所以被赋名为《诗经》。《诗经讲义稿》中主要包含了傅斯年对中国古典文集《诗经》的理解，他在讲义中用通俗易懂的语言向学生们讲述了《诗经》的研究史、研究方法以及其艺术性等，让学生们一读即懂，故此广为好评。

　　《诗经讲义稿》分为上、中、下三卷，上卷主要对《诗经》进行叙录，中卷主要对语言和文字进行研究，下卷则主要就《诗经》中涉及的一些问题展开讨论。全稿中一共有12篇与《诗经》有关的讲义，都是傅斯年在夜深人静之时专心编写成的。

　　傅斯年是"新人"，曾大力提倡白话文运动，但他始终认为，《诗经》是中华文学史上的一件瑰宝，有着极高的文学价值。纵然白话是趋势，也不见得要丢弃经典。傅斯年建议，在阅读时除了要懂得欣赏言辞字句之间的美感，了解其艺术性之外，还要抱着品鉴历史资料的心态去阅读，并发现其中展现的古代言语学的魅力。

傅斯年的确是个善于做学问的人，不但告知受众者如何阅读，还描绘出了一幅阅读之后会收获什么的图画。

今人阅读作品，颇有走马观花的味道，是为"快餐之道"。这一点傅斯年绝不赞同，他觉得在欣赏一部文学作品之前，要先对其进行考证，弄清楚这部作品的性质。在《诗经讲义稿》中，他没有对具体的诗作进行细致的分析和鉴赏，而是着重介绍了相关的年代背景、文体、产生原因等，并留出了大量空间供学生们自行理解和判断。他在篇叙语中写道："讲义之用本以代言，事既同于谈话，理无取乎断饰，则文言白话参差不齐之语，疏说校订交错无分之章，聊借此意自解而已。"

编写《诗经讲义稿》期间，傅斯年只要一进行编写，就会叼起烟斗。墨水在他笔下涓涓流淌，烟缕在他额前轻轻萦绕，倒是别有一番景象。有时有客人来拜访他，如果不是急事，他便任由对方坐在那里说着他的事，自己仍俯身在讲义稿上，笔耕不辍。有时，他一边叼着烟斗，一边与来人说话，竟然毫无障碍。

该讲义到最后虽没有编写完全，但成书的部分无一不显露着傅斯年对《诗经》的深刻理解和分析。他常用幽默的语言，独特的见解，将一本人们眼中看来应是枯燥的讲义，魔术般地变成一本人人能够读懂，且人人都愿去读的古籍。直到现在，这本讲义仍是广大国学爱好者们的必读文献。

傅斯年的忙碌和辛苦让后世获益了，正是他严谨的治学态度和创新的思想，才令其讲义稿深受好评，流传至今。

第六章　史语研究，初现规模

1. 倡议办所，独当一面

傅斯年关注教育，投身教育，然而，教育并不是他理想的全部，进入大学教书，不是傅斯年的最终理想，只是帮助他实现理想的一个奠基。其时，国内产生的新情形让傅斯年非常振奋，他心中蕴藏已久的那个念头也开始蠢蠢欲动了。

随着五四运动引发的学术风暴席卷全国，越来越多的青年突破了传统的思想束缚，开始对新理论和新方法产生浓厚兴趣；越来越多的留学生回到祖国，在国内传播先进的文化知识；越来越多的精英开始学以致用，尝试用新思、新知、新学解决问题，并为建设一个新的学术氛围努力奋斗。

那时还是教书先生的傅斯年，觉得教育的最终目的是培育出一批优秀的有志青年，让他们从事学术研究，进而振兴中华，所以他才会如此热爱教育事业，如此投入地备课、写教材和讲义、授课、批改作业，认真地与学生们进行思想上的交流，不放弃任何一个学生。

傅斯年想，新的世界已经到来，新的学术研究模式即将开始，只有通过新颖的材料进行新颖的研究，并得出切实可行的新颖依据，才能真正地推广新颖的学术研究。他不要在全新的领域里孤军奋战，他希望时机成熟时，能有一批与他持有相同理想，心中充满了对学术的渴望，并且头脑中也储备了足量知识的年轻人，与他一同奋斗在这一领域，为成就中华学术的大事业殚精竭虑。

1924年时，孙中山便提出过设立"中央研究院"的建议，并拟将"中央美术学院"作为全国最高研究机关。可惜，这个建议还没有正式开始实施，他本人便已作古，此建议也就被搁置在一旁，渐渐被人遗忘了。

直到1927年5月，国民政府才再次将这一建议提到日程上，并在同年7月颁布了《中华民国大学院组织条例》，决定在各大学院校中成立"中央研究院"，以有利于进行学术研究。

虽然进入中山大学只有半年左右的时间，傅斯年却深受学生们的爱戴，不少学生都愿追随他的思想轨迹，对他所教授的学科也自然更为上心。在这段时间里，傅斯年已培养出了一批热爱学术的年轻人，他们都是日后发展文史学的有力的储备力量。

眼看时机渐渐变得成熟，储备军的规模也渐渐扩大，傅斯年心中有了将历史学、语言学、民俗学和人类学结合在一起，发展文史学科建设的计划。

1927年6月20日，傅斯年正式决定要建立语言历史学研究所、心理学研究所、教育学研究所等学术研究场所，实现"集团式研究"。

"集团式研究"是傅斯年首创的一种研究模式，多年求学路上所见的一切，以及从事学问研究后所得到的经验让他意识到，想要单凭一个人的能力和想法进行科学系统的研究工作，是一件非常困难甚至不现实的事，只有将研究的模式从一个人孤军奋战转变为一群人齐心协力，研究才能更顺利地进行。

他想，环境对研究的开展有着重要作用，在进行历史学和语言学的研究时，图书馆所提供的资料和团体寻来的资料都能为研究人员提供大量的帮助。

后来，傅斯年在回忆自己当初的日子时曾说："至今想来，我之能有今天这一点成就，一大半归于史语所的优良环境——图书丰富，工作自由，并且生活安定。一个研究工作者，在这样的环境中，只要内心把持的住，不怕坐冷板凳，不为外物所牵，不为权位名利所役，加以头脑稍微灵活一点，他之能有相当成就，是绝对可以预期的。"

此时，傅斯年还没有因忙于历史语言研究所的建立而影响在中山大学的正常教务。1927年暑假过后，眼看学校就要开学，却还缺一些英文老师，傅斯年只得写信给胡适，请他帮忙推荐几名，并表示如果一时间找不到足够的人，也可以先找几位能教得明白外国文学的人暂且代课。他还在信中请胡适帮忙留意商务的《经论藏》，据说此书极具参考价值，可惜已是孤本，在国内难以买得到，所以他愿意自己出钱，请胡适代为购买，作为大家公用的参考书。

同年8月，傅斯年根据自己已有的学术经验，以及现有的人才储备，着手开展建立"中山大学语言历史研究所"的前期准备工作，并亲自担任筹备主任。他为中山大学语言历史研究所制定了五项主要任务——"着力于聘定教授，设置各研究组，招收研究生，成立各研究会，发行定期刊物及丛书"。

刊物是一种媒介，能将一些信息通过书面的形式展现在人们面前，从而达到传播信息的作用。学术刊物与学术研究有着相辅相成的关系，学术刊物的主要目的是将研究的成果及部分过程发表在上面，从而起到传播学术信息和推动新研究的作用。另外，学术刊物上往往会刊登一些有战略意义或前沿性的选题，这些选题虽还未实现，却能从某些程度上促使其他研究者将它们操作起来。学术刊物还具有发掘学术新人的作用，那些能在上面发表学术文章的人，都具极大潜力。

1927 年 10 月 16 日，傅斯年打算出版学术刊物，他将有关人员召集在一起，与他们一起商量相关事宜。最后，他决定创办三本刊物，分别是《国立中山大学语言历史学研究所周刊》（简称《研究所周刊》）、《图书馆周刊》和《歌谣周刊》（后改名为《民间文艺》），后又以《民间文艺》为基础，编辑了《民俗》，用以对《民间文艺》进行扩充。此外，他还决定编辑出版《语言历史学丛书》。

《研究所周刊》由顾颉刚、余永梁和罗常培等人负责，截止到停刊，共 132 期，主要刊登一些文史名家们的学术类文章。这些文章都具有极高的学术价值和文献价值，对于学术研究起着重要作用。

在第一期《研究所周刊》中，傅斯年发表了发刊词，提出了要"实地搜罗材料，到民众中寻方言，到古文化遗址发掘，到各种的人间社会去采风问俗，建设许多新的学问"，这些提议都受到了朗克的观点的影响，也是傅斯年在日后提出"动手动脚找东西"的原型。

《民间文艺》由钟敬文和董作宾负责。为了细致地了解到各地的民俗情况，他将负责民俗研究的同事们派往祖国各地，特别是那些有少数民族生活的地区，让他们对当地人的生活习惯、文字、语言、民族文化等进行调查研究，并对当地古物进行考察。

1928年4月初，傅斯年听说有几位瑶民到达了广州，立刻带着顾颉刚等人前去拜访，详细地询问了他们的民俗习惯等。

《语言历史学丛书》包含语言和历史两个方面，傅斯年一人兼顾其中所有项目，并请罗常培和他一起负责语言学丛书，请顾颉刚和容肇祖与他一起负责历史学丛书，请容肇祖和他一起负责史料丛刊。

傅斯年承认，中国的语言学和历史学有着悠久的历史和丰富的内涵，但也觉得，由于长久以来不健康的历史环境，这两门学问都没有形成具体的模式，也没有打下良好的基础。一番思索之后，他想到了解决办法：用现代的研究方法来探究中国的语言学和历史学，将它们形成真正的学科，进行细致的研究，最后使得这两门学科得以发展和改进。

傅斯年一年多以来呕心沥血，获得成果颇丰，当时中山大学在语言学、历史学、民俗学、教育学以及心理学这五个领域都有了长足的进步，这些学科的建设，也在全国所有大学中占据了领先地位。

傅斯年为中山大学所做的贡献三言两句无法尽表，他所思所行，都直接推动了中山大学在学术领域的发展和进步，也为日后的其他工作做了一个良好铺垫。

2. 意见不合，与友分裂

傅斯年一生中结识了许多志趣相投的好友，他们目标一致，情趣相仿，却也失去过一些曾经的知己。不知是因他性格太过强势，容易冲动，还是对自己的目标太过执着，又或是他的字典里从未有"妥协"二字，无论哪种原因，在傅斯年结交的众多朋友中，后续失去的朋友亦是不少。

1928 年，傅斯年成功地建立了史语所，却失去了顾颉刚——那位曾经同窗多年的好友，求学路上的好伙伴。

在中山大学，傅斯年曾为了聘请顾颉刚开罪了鲁迅，从此失去了鲁迅这位好友。顾颉刚自然也是知道这事的，他甚至曾为了不让好友为难，主动提出放弃去中山大学任教的机会。最后，在傅斯年的坚持下，顾颉刚还是留下了。这件事在顾颉刚心头久久萦绕，他知道，傅斯年会聘请他的主要原因，并不是二人间的私人情谊，而是傅斯年对他的欣赏和认同。对一位学者而言，没有什么比自己的学术获得认可更让人幸哉的事了。

毕竟是朋友，彼此无须谈知遇之恩，但傅斯年的这份情谊让顾颉刚格外感动。傅斯年为人豪爽仗义，重情重义，习惯了对朋友两肋插刀，并没把为了顾颉刚开罪鲁迅的事情放在心上，顾颉刚却一直存有感激之情。也正因如此，进入中山大学后，顾颉刚竭力帮助傅斯年处理校内事务，服从他指挥，努力完成交付的每一项任务。

傅斯年自小具有领袖气质，这一点从小学时他在班上担任"小老师"；中学时带着同学们剪辫子，上街游行；大学后他担任五四总指挥，发动学生运动这些事上便可获知。这份难得的气质，也让他习惯了用强势的语言表达自己的观点，加上山东人的直率和豪爽，他说起话来从不拐弯抹角，总是用发号指令的方式给其他人安排任务，强硬的作风在他身上一览无遗。

给顾颉刚交代任务时，傅斯年也从来没有客气过。顾颉刚知道他的脾气，也不在乎他说话的语气得当与否，在多数时间里，他对傅斯年的安排都是绝对服从的，两人的交往也相安无事。

　　顾颉刚进入中山大学前，傅斯年将他派去全国各地采购图书，这并不是容易的活儿，既耗费时间，又耗费精力，何况顾颉刚只是一位学者而非采购员，让他做这样的事确实有些为难。顾颉刚知道傅斯年一心为学校办事，于公于私，他也没理由去抱怨，对书单上的书籍一一进行采购后，顺利地交差了。

　　采购图书花费了顾颉刚几个月时间，这让惜时如金的他格外心疼。自己本是治学之人，却要做采购员的工作，换作是谁也难免心里不平衡。进入大学，他也有自己的计划，一边授课，一边安心做学问，却没想入大学后，他的时间仍不能被自己掌控。"不知深浅"的傅斯年还是习惯性地给他安排各种与研究学问无关的工作。他的全部时间都被学校的教学任务和傅斯年额外安排给他的任务占满了，人身自由算是间接受到限制。

　　1929 年，顾颉刚在写给胡适的信中坦白，他和傅斯年不能共事的主要原因是二人性质太相似，都是极其自信且喜欢坚持己见之人，也都是性格急躁之人。所谓一山不容二虎，若说最初顾颉刚念及同学情分，念及傅斯年为了他得罪崇敬已久的鲁迅，还能尽量压制自己的脾气，对傅斯年言听计从，那么随着在学校时间的增长，是无法长久地纵容其独断和强势的，令他更难忍受的是，傅斯年时常打断他自己的计划并不以为意。

　　顾颉刚做学问，喜欢一板一眼，按照规矩来，他习惯在做事前列出一个详细的计划表，然后按部就班，照着流程一步步去做。傅斯年则不同，虽然他也会在事前做计划，却总会冒出一些新想法，一旦认为新想法的存活空间更大，他便不介意打断之前的计划，而将新想法加入其中。

　　两人之间产生冲突的另一个原因，是傅斯年从没问过顾颉刚的意见，以自己为中心，肆意安排给他各种任务。顾颉刚曾因这些事与傅斯年争吵过许多次，可傅斯年并没有往心里去。

大师是有大师的特点，或优或劣，也难以评定是对是错。若言傅斯年近乎完全，到底是不真实的；那么他的独断全然都是错，也一样不适合。在那样的特殊环境里，傅斯年恰是靠着"大炮"秉性生存并在历史中留下不可磨灭的痕迹的。只是，没人愿意甘当"炮灰"吧？起码顾颉刚不愿意。

似有隔膜的日子持续了一段时间，顾颉刚心里的忍耐终于到了极限，他受不了这种不按计划前进的生活，觉得自己如同木偶一般，被人扯来扯去，他希望回到安静读书、研究和写作的生活轨道上。

顾颉刚有点后悔当初离开厦门大学，在那里，他静心研究，编写了《古史辨》，此书一经出版，立刻将其推到了古史学界的最高点，连他的老师胡适都甘心位居他之下。学者们都称他发起了国史学研究领域中的第二次革命，其身份地位瞬间升到最高，简直荣耀无比！

再看眼下现状：进入中山大学后，这样一位在古史学领域排名第一的伟大学者，不但没办法继续进行研究，还要整天被傅斯年呼来喝去，跑腿打杂，这种现实在外人听来都是难以接受的，当事人本人又怎能接受得了？

从一次又一次的忍让，到一次又一次的争执，顾颉刚打定主意，离开中山大学，离开傅斯年。

经年累月做学问的人，脑子或许一根筋。好友顾颉刚心里下了这个决定时，傅斯年毫不知情，实在可悲。他本期望着顾颉刚能与他一起努力，挑起筹建史语所的大梁。殊不知，这是一厢情愿的想法。

可见，傅斯年在与人交往的过程中还是有些天真的，大师的缺点在此暴露无遗，可正因缺点，他才真实。

当时他单纯地以为，顾颉刚与他在学术方面观念相同，自然有着与他一样的理想和抱负。而有共同理想的朋友之间不需拘小节、存顾忌，故此他认为交派顾颉刚任务是理所应当的。

不知哪日，顾颉刚提出离开，傅斯年诧异万分，急忙询问理由。待听完之后，心中气愤难平，不禁大骂顾颉刚没有责任心，忘恩负义。

傅斯年的指责让顾颉刚更有些寒心。1928 年春天时，燕京大学便早已向他发过邀请，希望他能前去担任教授的职位，并且表示，学校已经获得大批科研基金，顾颉刚过去后，在进行研究方面不成问题。

燕京大学开出的条件对一心向学的顾颉刚很有吸引力，但恰逢傅斯年实在需要帮助，他只得忍痛推辞，于当年 10 月 22 日从傅斯年手中接过了中山大学史语所所长的重任。

而当此刻再难忍受无法专心于学术研究时，顾颉刚又恰好收到了"中央研究院"的聘书，几次收到聘书，也足见自己并非无栖身之所。一番思量后，他决定离开中山大学，离开傅斯年，去从事自己真正热爱的事业。

一来一回，事情发生的交错复杂，顾颉刚打算告知傅斯年请辞之事之前，没想他有多么激烈的反应，内心想来也多有抱歉。

傅斯年不管这些，他手上的工作已经够忙了，顾颉刚却出此一招，尤其是顾颉刚说出"只要你供给我同样的境遇，我是可以不去的"这句话后，他突然暴怒，大声呵斥顾颉刚。

顾颉刚似有觉得自己的付出与回报不匹配，这也是人之常情。傅斯年不理解顾颉刚到底想要什么，或许他的那句话，也只是搪塞之词罢了。

傅斯年终日忙碌，不想"后院起火"，而愤怒也容不得他替顾颉刚思虑。顾颉刚在这时离开，无疑是自私的表现，他甚至想起自己为了顾颉刚开罪鲁迅的事，认为顾颉刚不仗义，忘恩负义。

人在气愤至极时总会说出一些言不由衷的伤人话，傅斯年也不例外。当他对顾颉刚说出"你若脱离中大，我便到处毁坏你，使得你无处去"时，他们之间的情谊彻底断裂了。

顾颉刚被傅斯年气得面色发白，他没想到自己尽心尽力这么久，为帮助傅斯年做事，以致影响了自己的正常生活，结果却只换来这样一句诅咒。他的心痛极了，他被傅斯年气得无话可说，只得转身离去。

当天的日记里，顾颉刚写道："今日上午，与孟真相骂，盖我致适之先生信，为孟真所见……予与孟真私交已可断绝。"后来，在写给老师胡适的信中，顾颉刚也提道："孟真对于我的裂痕已无法弥缝，差不多看我似叛党似的。我决不愿把身子卖给任何人。我决不能为了同党的缘故而把自己的前程牺牲了。"

朋友们听说他们吵翻了，纷纷来劝，可两人都非常倔强，谁也劝不动，最后只得作罢。昔日的好友就这样断绝了情谊，谁也不想如此，可事情就这样发生了。之后，傅斯年虽也对自己的所作所为有悔，可事已至此，他那一句气话已彻底伤了顾颉刚的心，对方再也不肯回头了。

顾颉刚离开后，傅斯年并没有真如生气时所说的败坏他的名誉，多年后，顾颉刚或许也明白了傅斯年当初只是气话，可那道伤痕在他心里已无法抹平。

硬性子的人气来气散较快，但毕竟是人，是有记忆的，顾颉刚后来气消，与傅斯年也没有再像过去一样产生交集，在学术上偶尔会关心一下彼此，也只是流于表面，同学少年时的并肩而行不复存在。

3. "拔尖主义"，只选精英

溪水之力不足以助力航行，百川之力才得以扬帆远航。办学时，傅斯年广纳人才，网罗全国各地的优秀学者，聘请他们入校教书；办所时，他也秉持了这一原则，将全国各地一流的学者邀请到史语所，进行史语研究。

在傅斯年的努力下，史语所里呈现出一派群英荟萃的景象，这为史语所的发展带来了光明，史语所也很快跃升为"中央研究院"里最大的研究所，也是最具人气的研究所。

在为史语所挑选人才时，傅斯年有一套"拔尖主义"，作用很大。"拔尖"，顾名思义，选拔人中"尖子"。

为了组成一支最好的史语学术班子，傅斯年又一次四处寻觅。他要的是最好的，一流的人才，钱穆在回忆当时的情景时说："凡北京大学历史系毕业成绩较优者，彼必网罗以去，然监督甚严。"不仅如此，傅斯年也在全国各大高校中网罗历史系的高才生，凡是他看中的，就一定去努力劝说，不遗余力。

当时一些高校中也有设立史语研究所，所以对于那些优秀的历史系学生，学校自然不肯放，傅斯年却不管那些，这让各大院校的历史系教授们颇为头痛。

傅斯年做事雷厉风行，目标明确，想办的事情不管耗费多大心神，也一定办到。选才上即是如此，他的风格强硬，甚至各大院校的教授们不觉得他是来选才的，而是来抢才的。从另一层面看，傅斯年若少了这份霸道，恐怕也将与同期的很多学者一样，成为他人的陪衬。

傅斯年对亲自挑选的高才生们偏爱有加，对他们的要求也更为严格。做研究的人多数时间都会待在研究室里，时而出来透透气，晒晒太阳，这无可厚非，傅斯年也赞成他们这样做。可研究工作十分繁忙、辛苦，一些学生虽然学习成绩优异，也喜欢研究，但做了一段时间后，难免觉得身心俱疲，偷懒的念头也就萌生了，以此心态对待工作，后果可想而知。

一次，一位学生可能觉得工作太过枯燥，也可能看到外面的阳光晴好，想外出散步，便放下工作走了出去，在院子里待了很长时间都没有回屋子。傅斯年看到，没有立刻将他叫回，也没有指及此事。

翌日，傅斯年与几个研究员一起出去透气，那位学生也想一起去，却被傅斯年拦在了房间里。傅斯年对他说，你昨天晒的阳光已经够多了，今天就不要出去了，学生知道自己偷懒的事情被傅斯年发现了，一时间哑口无言，只好留在屋子里。

大师即是大师，教人之方不落俗套，他用这样的方式让学生意识到，做研究是件严肃的事，如果总想着安逸、清闲，就无法成为一名合格的研究人员。学生们也明白了傅斯年的用意，虽对他的严厉有些畏惧，但没有怪他，讨厌他，反而对他更加尊敬。

在招募人才时，傅斯年自然也不会放过曾经的同学。顾颉刚的事让他深受打击，但毕竟是个案，他的失落情绪并未持续太久，也不惧怕将同学变为同事。在顾颉刚之后，他又先后邀请了许多同学好友，特别是在柏林留学期间结识的人，因为他们与他曾在同样的环境中接受过教育，思想更为贴近。凡是被傅斯年邀请到的人，没有一人不被他的热情感染，没有一人不被他的号召力吸引。

做学问需全心投入，不存杂念，若研究人员一边研究，一边在外面兼职，必然不能将精力全部投入到研究工作中，还会因而分心。傅斯年左思右想，为了将史语所办成第一流的学术研究机构，他特意给所有成员加了一条规定：不许在外兼职。可面对两个人时，一向固执的他只能破例，这两人分别是陈寅恪和赵元任，为了请到他们二人，傅斯年着实大费周章。

陈寅恪是傅斯年必请的人之一。1925 年，陈寅恪结束学业回国，就任清华国学研究院导师，与王国维和梁启超并称为清华大学"三巨头"。

当时的清华国学研究院以培养"以著述为毕生事业"的国学人才为宗旨，陈寅恪觉得这里太适合自己了。

据说，陈寅恪能进入清华大学，主要是得益于梁启超的推荐。当时的校长并不相信陈寅恪这样一位既没有著作，又没有博士学位的人能担任起导师的重任，后来梁启超极力推荐，并坦言自己所有的著作加在一起，都没有陈寅恪的三百字有价值。

校长听梁启超说得很认真，也就动摇了，遂将陈寅恪聘为导师。陈寅恪果然不负众望，他的学识贯通中西，总能将一件枯燥单调的事讲得活灵活现，让学生和老师们都十分佩服，并称他是"活字典"和"教授的教授"。

陈寅恪在清华大学的教学和教务工作并不清闲，傅斯年邀请他时，他已是清华大学和北京大学联合聘请的教授，要同时给两所高校的研究生授课。陈寅恪不愿放弃教学，可傅斯年却不允许研究人员兼职，这就有了冲突。陈寅恪没有办法，选择了教学，拒绝了傅斯年的邀请，无论傅斯年如何劝他考虑，他都没有答应。

在聘请另一位同学赵元任的时候，傅斯年也遇到了同样的问题。赵元任与陈寅恪一样，都是清华大学的研究生导师，他也表示不能放弃教学，如果不能让他继续当导师，他就不接受傅斯年的邀请。

傅斯年虽然固执，却并不死板，面对两位自己一心所求之才和自己制定的规矩间的矛盾，他考虑再三，最后决定破例。对他而言，那样一个小小的规矩与两位杰出的人才相比，实在不值一提。就这样，在傅斯年的再三邀请和让步下，陈寅恪和赵元任也不能再拒绝了，重要的是他们看出了傅斯年的爱才之心，两人很快加入了史语所。

相比之下，聘请李济的过程要容易得多。李济与傅斯年同龄，也是同期留学生，只不过所学专业不同，就读学校也不同。在哈佛就读三年后，27岁的李济成功地取得了哲学（人类学）博士的头衔，荣返故里。回国后，李济接触到考古学和地质学，参加了不少考古工作，之后进入清华大学，担任研究生导师。1928年底，他从国外讲学归来，途经广州，偶遇故人，得知傅斯年在到处找他的消息。

李济颇为诧异，他在当时并没有多大名气，只是一名普通的研究生导师。而他得知找自己的人是傅斯年时，则更是大吃一惊。他早在读书时就听说过傅斯年的大名，对其可谓仰慕已久，只是因不在同校，后来又各自去了不同的地方发展，一直没有机会与之接触。如今，傅斯年竟会派人到处找他，他想都没想便跟着故人去见傅斯年。

傅斯年见到李济，非常热情，也非常激动，走上前一把握住李济的手，宛若久违的老友重逢一般，李济心里顿时暖暖的。

傅斯年的笑声也让李济感到亲切。傅斯年显然已知李济只是路过广州，马上就要离开，他一边握着李济的手，一边对他说："你来了，先不要走，在我这里住下，我有事和你商量。"然后，他便滔滔不绝地向李济讲述了他的计划，也表达了希望李济加入史语所的意愿。

傅斯年的讲述让李济颇为动心，好不容易见到偶像一般的人物，又从他那里听到了自己感兴趣的事，他其实也想多留几日，可自己乘坐的客轮还有一天就要起航，哪有那么多时间留下来听傅斯年介绍细节呢？见李济一脸愁容，傅斯年跟他打包票，让他尽管放心留下来，改签的事交给他去处理，语气中透着自信和坚定。

傅斯年说到做到，他出面与香港方面进行交涉，带着李济去改签船票，然后为李济安排了住所。就这样，李济在广州多停留了一个星期，傅斯年以私人的名义给他接风，两人观点相同，虽是第一次见面，彼此却很快引为知己。

听了傅斯年详细介绍了史语所的发展计划，又在其带领下参观了史语所和图书馆后，李济答应加入史语所，主持考古工作，并为此辞去了清华讲师和美国弗利尔艺术馆的职务。

在人才的网罗上，傅斯年从不手软，也从不犹豫，陈寅恪、赵元任、李济、胡适……他不断将各知名学者聘请到他的史语所，增加史语所的人才储备，增强史语所的软件实力。在他的努力下，史语所迅速发展壮大起来。

4. 旧所新址，急购档案

史语所初创时，地址选在广州白云山的东山，那里风景优美，环境幽静，空气清新。山林田野之间，一间小小的房子静静地坐落在那里，仿佛与世隔绝，不染尘世。

山中有一间寺庙，时常能听到洪亮的钟声在山间久久回荡，沁人心脾。夏季，各种花草将这片小天地装点得温馨清雅，鸟儿在林间飞过，留下一串欢快的鸟鸣，溪水欢快地流淌，生机万分，活力十足。山顶生长着层层青松，与碧蓝的天空融在一起，呈现出极美的景色。

生活在这样的环境里，人自然也就摒弃了重重杂念，专心向学。每个人在刚刚踏入这片天地时，都不禁地感叹这真是一个做学问的好地方。对傅斯年来说，这里就是他全部的心思所在。

初带李济参观这里时，傅斯年曾将这里比作一座小庙，笑称李济与陈寅恪和赵元任是这座庙里的三位"大法师"，有了他们在，这庙就立刻蓬荜生辉起来。李济谦让地表示，自己不是大法师，只是个前来化缘的僧人，比不上傅斯年这位住持名声大，资历高，在住持面前，他只有敲敲木鱼的份儿。傅斯年一听，忙称自己也不是住持，而是名打扫院子的小僧，如果大法师们有什么需要，他一定义不容辞地为他们提供。说完，两人都哈哈大笑起来。

陈寅恪、赵元任和李济先后加入史语所，傅斯年顿时信心倍增，也万分兴奋。他迫不及待地将这个好消息告诉罗家伦等几位好友，并在写给他们的信中扬言，自己的这个史语所在三位"神仙"的到来后，顿时充满了无穷的实力，有了三位"神仙"的协助，史语所必然会在不久之后超过清华。

文人自狂，可狂猖一回又何妨？

傅斯年的兴奋和自信溢于言表，他身边的这些同伴们见到后，却是有人欢喜有人忧。喜的人都是与傅斯年相识多年，懂他性格的人。他们知道，傅斯年从来不说大话，但凡他说出的事情，许下的誓言，就没有做不到的。不太熟悉傅斯年的人，觉得他的自信有些盲目，甚至有点自负的意味，他们担心傅斯年只有一股子热情和冲动，冲动一过，头脑一凉，一切就又会陷于平常，他们在史语所便前途未卜了。担忧之人中，李济便是一位。

李济与傅斯年相交甚少，初次见面时谈得很投机，有相见恨晚的感觉，也被傅斯年的气势所感染，答应加入史语所，与他共同奋斗，可当他的心情平静下来后，他却开始担心了。

李济想，傅斯年把口号喊得很大，唱戏的台子也搭好了，可万一到时他只搭台不唱戏，那么多双眼睛在注视着，史语所要怎么收场？他更担心傅斯年若是一直喊口号，却没有任何实质行动，大家的气势都会渐渐消沉下去，哪还有心思去做研究？

李济心直口快，把想到的告诉了傅斯年，提醒他不要只喊口号，做表面功夫，应该有所行动了，否则大家的热情都会消减。傅斯年听罢哈哈大笑，不住地安慰李济。傅斯年的确很自信，认为再高的山也没有人高，因为人能不断攀登，总有一天会登顶；再长的路也没有脚长，因为人可以不断前进，总有一天会到达路的尽头。他还告诉李济，只要相信自己，路就在脚下。

很快，傅斯年用行动告诉担忧之人，他的口号马上就会落实。

三个研究组成立后，陈寅恪当仁不让地成了历史组主任，赵元任担任语言组主任，李济担任考古组主任。分好组，派好人，傅斯年接下来要做的，就是对史语所未来需要从事的科研选题进行规划。

经过细致思考，傅斯年认为，史语所创建后的首要大事就是发掘殷墟以获取大量的史料，以及将"大内档案"进行清理。这两件事说起来简单，实际操作起来难比登天。

1928 年 9 月，傅斯年去北京出差。北京，对他而言就像第二个故乡一般亲切，从预科到本科，北京的 6 年生活在他的生命中留下了太多痕迹。如今，再次踏上这片古老而神秘的城市，他的心中有种别样之感。相比于其他城市的喧嚣，这里实在太安静，甚至静得有些死气沉沉。满目望去，还是那样熟悉的老城，老建筑，路的两旁还是那充满历史气息的老树。

傅斯年这次回京，主要任务是为史语所挑选一个新址，这也是身为中央研究学院院长的蔡元培的意思。蔡元培觉得，广州虽然气候宜人，生活便利，有着种种适合居住的条件，却不适合做研究。何况，广州的地理位置过于偏南方，而史语所是一所学术机构，又是学术研究的中心，应该将所址建在较中央的位置，北京无疑是最好的选择。

那时，北京还叫北平，傅斯年发现这里距离他拟定的两条搜索史料的路线都比较近，并且当地涌现出大批学术精英和两所实力雄厚的学术研究机构。考虑到这两点，加之北京当地拥有的丰富档案资料，傅斯年也同意蔡元培的意思，决定将史语所的总部建在北京。

抵达北京，顺便与故人小聚，自然也是应该。在西四牌楼的一间酒楼里，傅斯年与恩师胡适、好友陈寅恪相见了。胡适多年不见傅斯年，见其正值而立之年就有如此成就，且能够为了理想而努力奋斗，内心十分欣喜。陈寅恪见到昔日的好友也非常开心，回国后，他与傅斯年一直以书信交流，虽同样可以探讨学问，却怎么都没有当面交谈来得痛快。

三人在桌子边坐定后，傅斯年为两位好友斟满好酒，自己也倒上，举杯后先说的不是"好久不见"之类的寒暄客套话，他开门见山地向两位好友询问"大内档案"的处理后果——这才是他找两位好友来的最主要原因。

胡适和陈寅恪都清楚傅斯年的为人和脾气，不介意他的礼数不周。胡适说，"大内档案"中记载了大量明末清朝的历史，是中国宝贵的历史资料，不应该让它落入外人之手，陈寅恪也说，如果让国内的历史资料流失在外，简直是一种犯罪。见两位好友与自己有着相同的想法，傅斯年大为感动，他的本意也是将"大内档案"买下来，收入史语所，奈何史语所刚刚成立，囊中羞涩，实在筹备不出足够的资金购买"大内档案"。

那么，让三人紧张的"大内档案"究竟为何物？

这些档案都是清政府存在"内阁大库"中的所有关于翔实历史的记载，其中包括明朝天启、崇祯两代的档案，以及整个清朝的诏令、奏章、实录等文件，件件真实可信，没有一点修饰。对傅斯年来说，这些史料正是他梦寐以求的宝物，若能收入史语所，对未来的发展自然大有裨益。

这些档案很珍贵，可毕竟不是人，经受战乱波折无处可逃。在时代的变迁中，它们经历了数次流转和"整理"，有一次还曾差点被当作无用之物付之一炬。在颠沛的过程中，档案变得越发零乱，其中一些还被人假借整理之名盗走贩卖。

1922年，存在历史博物馆的这些档案被装入8000个麻袋，以4000大洋的价格出售给当时的废品收购站，幸好在废品收购站将它们卖给造纸厂之前，甲骨学的奠基者罗振玉及时以三倍的价格将它们收购，这才救了它们一命。

罗振玉本打算自己找人整理这些资料，可资金不足，便将它们转售给其他有心人。1924年，李成铎以10万大洋将这些资料购入，可此后他也同样为存放和管理这些资料伤透脑筋，并生出了再次转售的念头。

傅斯年正因无钱购买这些资料而发愁，突然听说日本人也兴趣浓厚，并正打算购买，这让他心急如焚。若日本人真的购入这些资料，不但是国内史料领域的损失，还是国家荣誉的损失。想到这些，傅斯年立刻提笔给蔡元培写信，表达了强烈的收购资料的意愿，并将资料对史语所的重大意义一一列举。

傅斯年在信中提到，购入这些资料于国有荣，有助于研究明清历史，还能吸引大量学者加入史语所。他字字诚恳，句句在理，蔡元培见到信后，马上与杨杏佛商量购买资料的事，又立刻派人处理相关事宜。最后，这批珍贵的资料转移到了史语所，并暂存在史语所租下的一处房子内。

购买资料的过程，傅斯年没有直接参与，但却是提出这一建议的人，也是第一个认识到这一重要性的人。他的这一建议，无论对于史语所还是对于中国史语研究都意义非凡，这也足见其作为一名国人的良知和一名学者的远见。

5. 史学本貌，贵乎真实

傅斯年的心中一直怀着一股极大的热情，只是受条件限制，他的热情总是无处释放，有时还遭人误解。直到史语所成立，他终于有了自己的一片天地，热情之突破口即在此处。

史语所是一个完全属于他的环境，他可以尽情地施展，让自己集聚多年的梦想一点点在这里实现。

自接触到国外的史学，傅斯年的心中便产生了极大的震撼，试想，任何一个热爱学习、热爱国家的青年人，看到那么多后起之国都对历史资源有详尽记载，并不断对历史进行考究，而历史悠久的国度却还在一代一代读着千篇一律的文献，以此为历史研究，怎能不感慨，不激动？

傅斯年的心中，产生了要对历史"寻根因果，考其年世，即其时日之推移，审其升沉之概要，为历史之学"的观点。他不断在各种场合向人们强调，"史学就是史料学"，这种思想彻底颠覆了传统的史学研究。一石激起千层浪，中国当时的史学领域受到了强烈的冲击。

傅斯年开创了中国现代史料学的先河，他在历史语言研究所成立大会上发表的那一通讲话，实则是对社会的宣言，他大声宣告全中国，两千余年来束手束脚的历史研究就此结束，从现在起，他要抛弃一切对前人的屈服，改变这些年来人们对权威之语盲目崇拜的形势。

这就是傅斯年，一种天不怕地不怕的心态，一种以史为本、除其无他的性格。若换作是别人，恐怕也没有他这样的勇气和气魄说出这样一番话，毕竟这话一出口，便要去做了，没有足够的决心，没有足够坚定的意志的人，是断然不敢口出"狂"言的。

对待史学如此，对待语言学也是如此。傅斯年认为，这两门科学在中国都有着悠久的历史，然而，它们的发展相对于整个世界来说却比较落后，想要将这两门科学发展起来，必须要用科学的治学方法。此外，多年国外求学的经历让傅斯年感到，这两门科学之间有着密切联系，他想，何不将这两门科学放在一起，这样说不定它们可以共同得到发展和改造。

从学科的分工来看，历史学和语言学并不同于传统的学术，它们更近似于通过科学的方法得出结论的生物学和地质学。自1928年1月，傅斯年提议在"中央研究院"设立历史语言研究所，至同年3月，史语所筹备完成，只用了不到3个月的时间。

在这段时间里，傅斯年仍一边进行史语的研究，一边负责中山大学的教学和教务。随着史语所的工作越来越繁忙，傅斯年决定，放弃在中山大学的教职，将更多的心思和精力投入到筹建史语所的工作中。

傅斯年不再进行授课，却并没有立刻离开中山大学，此时的他仍身兼中山大学语言历史研究所所长的职务，但却已经渐渐将工作的重心从教学转向史语所的筹备。很快，他的心思完全抽离中山大学，落到史语所上。

同年10月22日，"中央研究院"史语所正式建立后，他将中山大学史语所所长的重任交给顾颉刚，一门心思投入到"中央研究院"史语所的工作中。

1928年5月时，傅斯年撰写了《中央研究院历史语言研究所工作之旨趣》（以下简称《旨趣》），在《旨趣》中，他第一次明确地提出了"动手动脚找东西"的口号。他认为，历史学和语言学想要进步，必须对直接材料进行研究，并对研究材料和工具进行扩张。历史学和语言学是严谨的学科，其中不可以有一丝一毫的虚假，必须实事求是，"一分材料出一分货，十分材料出十分货，没有材料便不出货"。

在这之前，傅斯年翻阅过许多国内的史学类书籍，聪慧如他，怎会看不出那些书籍中大多都是类似的！那都是从一本书中搬移到另一本书中的东西。那些作者并未亲身去看一看那些充满历史信息的遗迹，也未亲身去触摸那些年代久远的古物，一无真正研究，二无实地考察，就凭着捕风捉影，加上自己的理解，将读到的资料用自己的话复述出来，这算哪门子真正的历史研究？最多只算得上是考古学。

傅斯年对这样的现象感到悲伤，也万分惋惜——为历史研究感到悲伤，为那么多史料不曾被人发现感到惋惜。他不允许这样的事情在自己身上重现，所以提出了"动手动脚找东西"，"史学本是史料学"，力求将史料最真实、最本真的一面呈现在世人面前。

或许在傅斯年眼中，没有真正研究过的东西总是死的，就如同他当初提倡不要"读死书，死读书"，而要让学问都活起来，让文字活起来时一样。在他看来，那些古书典籍中自然有它们的价值，但这些价值都只是印在书本上的东西，随着时间的流逝，它们越来越缺少一种活力，一种感染力，只有向窗外看去，向野外走去，才能切实地与历史接触，那些遗迹中有着人类生活的痕迹，有着人类文化的残留，也记录了无数进步与发展，兴起与灭亡。

傅斯年在《旨趣》中提出了三个响亮的口号："把些传统的或自造的'仁义理智'和其他的主观，同历史学和语言学混在一起的人，绝对不是我们的同志！""要把历史学语言学建设得和生物学地质学等同样，乃是我们的同志！""我们要科学的东方学之正统在中国！"这三个口号提出后，史语所的所有成员无不以身作则，兢兢业业，并以此为荣。

傅斯年的《旨趣》被称为"中国历史研究经过上的重要文献"，以至后来的许多史语研究者们也都将它视为史语所工作的指导思想，可见它对史语研究起着多么重大的影响和作用，也看得出傅斯年在研究者们心中所占地位和分量。

1928年的夏天，中山大学少了一位学识渊博，授课生动的教授；1928年的秋天，"中央研究院"历史语言研究所多了一位尽职尽责，能力极强的所长。之后的20多年时间里，傅斯年一直呕心沥血地尽他所长，史语所能发展得越来越好，越来越具规模，与他的努力是分不开的。

那一年夏天，傅斯年开始了他在史语所的工作。

搬离广州时，傅斯年本有打算在广州安设一个史语所的分部。后来，考虑到中山大学已经有自己的史语所，他便取消了计划，将整个史语所都设在了北京。

1929 年 3 月，留在广州中山大学的史语所分部迁移至北京，与北京的总部合为一体。同年 6 月，史语所迁入了北海公园的静心斋，并对其构成进行了调整，将原有的史料学组、汉语组、文籍校订组、民间文艺组、汉字组、考古组、人类学民物组和敦煌材料研究组一共八组合并为历史组、语言组和考古组三组。

早在欧洲学习比较语言学时，傅斯年的心中就产生了运用语言学来研究历史的念头。如今，他终于有机会实现所想，这让他格外振奋。对史语所的未来之路，傅斯年持着乐观态度，他相信自己的决定，也相信自己多年的理想必将实现。在写给胡适的信中他说，两年后一定会让史语所取得惊人的成绩，呈现出一派新气象。

担任史语所所长期间，傅斯年运用中西结合的方式，对语言学和史学进行分析和研究，写了不少文章，做了不少演讲。他的头脑中尽是创造性思维，他的文章时常让人读后眼前一亮，并为之一振。在演讲时，他将自己的思想和成果与更多人分享。渐渐地，他在史语研究中自成一派，其本人也成为这一研究领域中的一个奇迹，被后人称为"史语所之父"。

一个人红极一时并不难，难的是他一辈子都为人所赞叹，傅斯年做到了这一点。即使在他身故多年之后，世人一提起他，仍会连连点头，露出敬仰之神色。

傅斯年考虑过让史语研究历代传承，却从未刻意让自己名垂千古，可他的名字却永远被史语研究者们所崇拜、敬仰，永不遗忘。

6. 北大授教，不忘初心

身处乱世之中，清静之所难得。1929年春天，一座美丽的水榭楼台里的僻静被打破了。这里多了一位身材微胖的中年男子，他时常出入此地，每每步履匆匆，稍作停留后又匆匆离去。他就是傅斯年。

这里，是"中央研究院"历史语言研究所的新址静心斋，原属皇家禁苑，春夏秋冬景色各异，却皆是美景，可谓人间仙境。

傅斯年没时间、没心思去欣赏这些美景，刚迁新址，他有太多事情要做，杂乱无章之事纷至沓来，他需要理出头绪。在所有要事之中，最重要、最急切的，是将分放在天津和北京的"大内档案"合并到一处，统统归入一地。为了选择最恰当之地作为仓库，傅斯年跑遍了整个北京城，最后他发现，博物馆午门楼最为适合。

博物馆午门楼归属教育部，想要使用必须经得相关部门批准，傅斯年马上到处奔走，请求各方人士给予支持和帮助。有时他会写信，有时他会致电，有时他会亲自拜访。为了节省出行时的开支，他买了一辆自行车，每天骑车穿梭于北京城的大街小巷。

苦心得甘果。在傅斯年的努力下，教育部终于点头，同意史语所使用博物馆午门楼。努力有了成效，傅斯年急忙派人修整仓库，又购买了柜子之类的家具，最后，8000袋"大内档案"终于有了一个安稳的安身之地。

回到北京城，傅斯年见到了许多旧时好友，在北京大学担任校长的蒋梦麟，在北京大学担任文学院院长的胡适，在清华担任校长的罗家伦……这些好友们无一不进入了教育领域，从事着世上最伟大、最光荣的职业。

史语所的位置离北京大学非常近，傅斯年时常能看到那个熟悉的地方，那个自己曾经生活和学习多年的地方，这让他心中顿生亲切之感。

由于地理位置上的方便，加之教学和研究本就是一家，许多研究员们都会去北京大学做兼职讲师。傅斯年建所初期，为了防止研究员们因兼职影响研究工作，定下了不许兼职的制度，只对陈寅恪和赵元任破例，后来，他渐渐放松了政策，允许研究员们去大学兼职，如此一来，北京大学就成了研究员们的首选。

傅斯年回到北京时，正值胡适四处搜罗主讲中国文史课程的人才。胡适早在得知傅斯年要回北京时就已动了念头，可傅斯年刚到北京时，整天为了"大内档案"忙碌，根本没有时间，胡适也不打算讨扰，待"大内档案"的事情基本告一段落后，才向他发出正式的邀请。面对恩师的再三邀请，傅斯年不好拒绝，答应在北京大学兼职，这让胡适颇为喜悦。

傅斯年之所以答应胡适之邀，也是为了能在大学校园里发现史语学研究者的种子，他所教授的课程与史语所的研究相辅相成，若能在学生之中挖出一批优秀者，对他们予以重点培养，史语所之未来也自有人传承了。

傅斯年远见卓识，后来确实有不少北京大学的优秀学生进入了史语所，他们也成了史语所的中坚力量，传承之桥。

人们常说，一个人太久不做一件事，再做时心情一定很复杂，既激动又紧张，傅斯年却无这样的复杂情愫。无论何时，上台演讲和授课对他来说都是小菜一碟，凭借着满腹的才华和知识，没有什么能难倒他的。

第一次踏上北京大学的讲台，望着台下满座的学生，傅斯年神情自若地进行了自我介绍，然后就开始将自己的一些经历讲给学生们听。

马有失蹄，人有失手。令傅斯年万万没有想到的是，他在北京大学的第一堂课竟成了一次失败的授课经历，学生们不喜欢听他讲那些天文地理，也不喜欢他在课程上东扯西扯，而最不喜欢的，是傅斯年在一开场就声明，自己留洋六七年，读过三所大学，进修过多门课程，最后却没有一个学位，他告诉学生们，没必要追求硕士、博士一类的头衔，学到真本事才是最重要的。

傅斯年说这些话的时候，没有扬扬自得，显示自己的与众不同，只想以自己做例子，真心地告诉学生们，真正的本事不是文凭和学位可以代表的。学生们可不吃他这一套，傅斯年这些话明显是将他们心中最引以为荣的事贬低得一文不值，这怎能博得他们的欢心？

之后，傅斯年又并未讲丝毫他们希望听到的与课程相关的东西，而是长篇大论了大量有关他所学过的物理学、化学等内容，这些东西对于主修文科的学生而言，着实缺乏吸引力。

傅斯年不够细心，并未发觉学生们对他的课有反感，依然故我讲着他的那些经历，越讲越兴奋，话题越扯越偏。学生们见此情形，纷纷感到失望。他们早听说傅斯年是文史学方面的专家，名气非常大，所以才会抱着极大的希望来听他的课，没想到听过之后，不过如此，还不如北京大学随便一个小讲师讲得好。

顷刻间，原本安静的学生烦躁起来，不禁窃窃私语，讨论着这位老师是不是浪得虚名，甚至一些学生竟一言不发地从座位上站起来，带着课本离开了教室。

傅斯年哪经历过这样的场面？他心里很不痛快，同时也很纳闷，自己讲课一向很受学生欢迎，这次为什么会变成这样？

下课时，傅斯年看着空了一大半的教室，十分费解，他找到安排他此次授课的历史系主任陈受颐，询问事情缘由。陈受颐听说学生们不愿意听傅斯年的课，也感到很惊讶，直到听完他的讲述，也了解到他在课上都讲了什么，才恍然大悟，连连给傅斯年赔礼道歉。

道歉？原来，陈受颐的本意是让傅斯年给学生们讲周史，可通知他时却忘记通知授课的具体内容。傅斯年以为陈受颐只是让他去给学生们做一次演讲或讲话，才讲了许多与历史无关的事。傅斯年弄清真相后，心里也有些委屈，但他毕竟不是小气之人，此事也就此作罢。

第二堂课开始时，鉴于第一堂课的关系，不少学生放弃来听傅斯年的课，少数踩着时间到来的学生，也没有对傅斯年抱太大希望。望着台下情绪低落的学生们，傅斯年没有气馁，也无不悦，他调整好自己的状态，将庞杂且条理清晰的授课内容如流水般呈现在学生面前。一众学生顿时惊讶，觉得这位老师似乎变了个人似的，与先前大不一样。

一节课的时间，这些学生深深被傅斯年的课所吸引，专注地听其从古到今，悉心论述，直到下课都不愿离开。

第二堂课结束后，傅斯年的大名在学生之间流传开来。去上课的学生告诉缺席的，本系的学生告诉外系的。不少没去听傅斯年第二堂课的学生半信半疑，心想一个人哪能在那么短的时间内突然学问大增？带着好奇心去听了第三堂课后，不禁暗暗叹服。从此以后，傅斯年的课堂上再也没有学生缺席，每每座无虚席，静若幽谷，其他系的学生也随之慕名跑来旁听，只为一睹大师风采。

课上，傅斯年时而讲英文，时而讲中文，中英语言的交替，让人听上去却并无一点不和谐。他每节课都是空手而来，讲到什么地方，就徒手在黑板上写下相关知识点，学生们看得目瞪口呆，无一不佩服他渊博的知识。

傅斯年的每一堂课都能博得满堂喝彩，在学生们眼中，他简直是一位无所不能的学者。后来，当傅斯年决定离开北京大学时，众学生皆表深深的遗憾。

为何教得好好的，却要离去？傅斯年决定离开，主要是因越来越多的研究员看到他去北京大学兼职，便纷纷效仿，去北京大学、清华大学等院校兼职，而这些兼职的人中，竟然也有他的助手。傅斯年最初便担心，这些人一旦有了兼职，生活得到改善，或许就无心专心研究。果不其然，时间一长，这些兼职者更加注重提升自己的兼职能力，一时间，史语所内部兼职成风，学术氛围日益淡化。

为扭转史语所内的局面，傅斯年决定以身作则，首先辞去在北京大学的兼职。学校的领导闻之，皆来相劝，不肯放他走，何况，他仍需要留在学校挑选备用人才，一番思量后，他还是暂时留了下来，直到 1936 年才正式结束了北京大学教授生涯。

在这段时间内，他选拔出不少对史语所有益的青年才俊。

傅斯年曾想说服赵元任和陈寅恪放弃教学，无奈二人态度依旧坚决，况且也未曾因兼职而影响研究工作。最后，他不得不召开所内大会，宣布除陈寅恪和赵元任外，所内任何人都不可以在外兼职授课，一经发现，立刻停薪，情形严重者直接开除，且永不再聘。

渐渐地，所内的研究员们收了心，所内氛围也趋于稳定，学术氛围回到了从前。傅斯年的强势，挽回了差点倒掉的史语所，果真不负其"霸道"之名了。

7. 艰难考古，卓有成效

古人已矣，古迹长存。人类无法从古人的口中问出与过去有关的信息，却仍可透过弥漫着历史气息的古代建筑和挖掘出的古物上，辨出历史的种种。这便是考古的意义所在。

考古是一个充满着惊喜和失望的过程，随时可能有意料之外的收获，也随时可能一无所得。

傅斯年将李济请到史语所担任考古组主任后，他曾担心傅斯年会只说不做，事实证明他是杞人忧天了。1928 年，傅斯年便主持了进入史语所以来的第一件大事，对安阳殷墟进行考古发掘。

安阳殷墟位于河南省安阳市西北郊，数千年前，这里曾是商王朝后期都城的所在。1899 年，有人在中药的龙骨上发现甲骨文，并证实了这些龙骨是在这片地域发现的，于是人们开始对这片地域进行考察，最后发现这里就是史书上记载的殷墟。之后，便有越来越多的考古研究者抵达这片地域，一次又一次搜集考古材料。

《老残游记》的作者刘鹗曾在此地收集到 5000 多片龟甲兽骨。后来，罗振玉也曾搜集到 3 万多片，并以此为依据展开了历史研究，最后根据得到的结果编写了《殷墟书契》等著名书籍。

在傅斯年眼中，安阳殷墟的历史意义和价值非同凡响，于是他派出一支临时的考古队伍，并命董作宾为领队，对安阳殷墟开展为期 18 天的考察。

董作宾是历史上著名的甲骨学家和文史学者，他与傅斯年一早相识，并曾被傅斯年聘入中山大学任教。后来，傅斯年成立了史语所，因欣赏他的学识和专业，便向他发出邀请，从事考古研究工作。董作宾性格忠厚，做事严谨，比傅斯年大一岁，本身又是河南人，将这件任务交给他，傅斯年很放心。

董作宾喜好考古研究，作为一名河南的甲骨学家，当得知自己的家乡有如此庞大的考古资源时，内心激动不已。于他而言，去自己的家乡进行考古是件理所应当的事。如此，他带着队伍上路了。他对即将开展的工作充满了期望，可到达考察地后，当地的一些实际情况却令其心痛不已。

1928 年 8 月，董作宾的队伍到达了河南省安阳市，他们一进入村子，就被孩子们好奇的眼光和老人们敬畏的眼光包围了。当时正值盛夏，董作宾戴着草帽，背着布袋，手中拿着一片刻着甲骨文的龟壳和一块刻有甲骨文的牛骨，逢人便问是否见过和它们一样的骨头。一些人告诉他，这种东西在这里被称为包治百病的"神药"，它们上面画着能驱病的各种"神符"，只要把这些"神药"磨成粉末，然后吃下去，不管得了什么病都一定能好起来。

封闭、愚昧，让乡亲们把极具价值的古物吞入腹中，董作宾等人惊诧不已，也格外心疼。为避免更多人将具有重要历史价值的甲骨当"神药"，毁成粉末，董作宾向村民解释，这些东西只是一般的骨头和甲片，至于上面的"神符"，不过是一种古代的文字，并没有任何治病的功效。

村民听过之后半信半疑，起初他们怀疑这个陌生人想要大量收购他们的"神药"用来盈利，可当当地的校长出面作证时，他们才相信了董作宾的话，将家中收藏的骨片拿给董作宾，还有一些人愿意让董作宾到他们家中看一看那些骨片。

看着村民带来的各种骨片，董作宾非常欣喜。这次考察算是颇有收获，经过几天的努力，他们一共从村民手中收集到 800 多片刻有文字的甲骨，还顺便收集到铜器、陶器、骨器等多种古人使用过的器皿、生活工具等。

董作宾等人这一趟算是满载而归，个个欣喜不已，只是，这欣喜中也有无法冲淡的担忧和心痛。董作宾在安阳城见到了许多倒卖甲骨片和古董的商人，他们利用珍贵的古物牟取暴利，却无人制止，于是变本加厉，不断去殷墟挖出甲骨和古董倒卖，好好的一片文化遗址变得满目疮痍。

董作宾还在集市上看到了许多伪造的甲骨，因为看到了甲骨的销路很好，当地的商人便找来一些牛骨，仿照真甲骨刻上文字，拿到集市上出售，大获其利。董作宾思来想去，决定将这一现象上报，希望政府出面保护真正的文物，打击伪造行为。

董作宾回到史语所，带回的结果提升了傅斯年的信心和决心。傅斯年决定于第二年春天正式对安阳殷墟展开挖掘考古工作，担任考古组长，又有过考古经验的李济成为负责这项工作的不二人选。

李济受此重任，立刻动身前往安阳建立了办事处。史语所事先与当地政府打过招呼，得到了政府的支持和保护，他们的考古工作得以顺利进行，既没有遭到过阻拦，也没有遇上偷窃。

董作宾和李济等人到达安阳仅仅 3 个月，便顺利挖掘出 680 枚甲骨片和大量兽骨、陶器等古物。这样的挖掘成果，让所有考古队成员都非常兴奋，他们对接下来的工作更有信心，有干劲了。

可惜，好景不长，不久之后，新的军阀混战又开始了，战事波及安阳后，当地的形势变得不乐观，先是政府撤走了给予考古队的保护，接着，由于考古队伍的到来断了当地文物贩子们的财路，早就激起了这群人的不满，政府的保护一撤走，文物贩子们便开始对考古队伍进行强力的干涉和破坏。他们唆使当地的村民去考古办事处闹事，抢夺成员们辛辛苦苦挖掘来的古物，考古人员的心血毁于一旦。

与此同时，河南政府也开始对考古工作加以干涉、制止，指责中央的考古队"越俎代庖"，必须马上停止挖掘工作，这令考古队伍的工作举步维艰。

身在北京的傅斯年得知安阳的情况，心如火焚，他清楚事情到了如此地步，单凭一己之力是无法更变局面的，他急忙向当时的国民政府报告这一事情，请求政府给予帮助。

当时国民政府位于南京，傅斯年从北京赶往南京，找到"中央研究院"，向他们说明了事情的经过，他一再强调，考古研究是一件意义重大的事，对殷墟的挖掘刻不容缓，不但能得到许多可以作为史料的古物，还能让中国史学得以发展。

国民政府听了他的解释后，予以支持。这下好了，有了靠山，傅斯年顿时有了更强大的动力，他手持最高一级的手谕，到处向人宣传考古的重要性及挖掘殷墟文物的重要价值。

为了让河南政府理解自己的所作所为，傅斯年又前往河南，将河南各界的官员及学者聚集一堂，以座谈会的形式向他们讲述了挖掘殷墟的主要目的，提出愿意为河南输送考古技术，并帮他们培育一批考古专业的人才。

官员和学者们听过傅斯年的讲解，最初的误解渐消，甚至对傅斯年的决定产生了兴趣。最后，他们同意了傅斯年的提议，允许史语所继续在河南进行殷墟挖掘工作。

在河南的那段日子里，傅斯年十分忙碌，白天做考古工作，晚上去大学演讲。他的演讲总是引人入胜，以至当他离开河南时，一大批人被他征服。有了河南政府的支持，又有了各界人士的谅解和拥护，史语所的考古工作进展得越来越顺利。

1931年3月，河南政府开始派人协助史语所考古队。之后，傅斯年几次光临考古现场进行指导，每一次成功发掘都让他格外兴奋。有一次，他为了能仔细考察古墓里的情形，甚至不顾自己的眼疾未愈，纵身跳入古墓中。其治学之心，令人叹服。

安阳殷墟的发掘是史语所的第二大成果。从1928年到1935年，傅斯年先后4次亲自来到挖掘现场察看情况。第4次光顾挖掘现场时，眼前的景象让他热泪盈眶：大量国宝级古物呈现在他面前，从武器到日用品应有尽有。看到这么多年的努力有了如此大的成果，他深感欣慰。截止到1937年，傅斯年共组织了5次对殷墟的大规模发掘，每一次所得都不负众望。

在史学研究的道路上，傅斯年如同一团永不熄灭的火焰，时时保持着自身的光和热，并努力向外扩散着温暖。他一次又一次地将自己的热情投入其中，一次又一次凭着自己的坚持和执着感染并打动着身边的人。

第七章　竭尽全力，发展史语

1. 战火纷飞，几经迁移

自从 1916 年日本开始对"满蒙独立"运动进行第二轮策划起，便一直觊觎着中国的满蒙地区，寻找统治该地区的机会，这也使得满蒙地区日夜处于危险之中。

1919 年，日本组建了关东军，并在东北南部广大地区建立了南满铁路线，主要用于向关东军运送物资。1931 年 9 月 18 日夜里，关东军派人炸毁了位于沈阳北郊的一段南满铁路，却将这一罪行推到中国军队的身上，称中国军队意图袭击日本军队，并以此为借口对沈阳发动突袭，迅速占领了沈阳。这次事件史称"九一八"事变。

"九一八"事变之后，日本关东军不断侵略东三省的各个城市，伤亡人数激增，哀鸿遍野。日本关东军将东三省的粮食作为他们的军粮储备，用东三省的煤炭和铁矿制造袭击中国人民的武器，国民政府的不抵抗使东三省先后沦陷，从这时开始，中国的社会性质也发生了变化，东三省变成了日本的殖民地。

关东军的侵略日益扩张。1932 年 1 月 3 日占领锦州，2 月 5 日占领哈尔滨，1933 年 2 月侵占了热河，北平也陷入了危险的处境之中。日军的不断入侵让史语所也受到了前所未有的威胁，身为所长的傅斯年自然也意识到了这一点。同年 4 月，为了保证史语所的安全，傅斯年决定，将史语所向南迁移，暂时移至上海，同时在南京兴建新的研究所房舍。

此次迁址，傅斯年并没有同行，此时他身负重任。

1933 年春天，国民政府教育部决定成立"国立中央博物院"，在选取筹备负责人时，考虑到傅斯年之前在筹备史语所的建立时有过丰富的经验，已是教育部长的朱家骅希望他能担任中央博物院筹备主任，为博物院的建立做一些贡献。出于负责，傅斯年爽快地答应了。当史语所迁移时，他没有随之离开，直到后来工作实在繁忙，才辞去了筹备主任的职务，将这一重任交给了其他人。

1934 年底，南京的房舍建好了，史语所有了新家。1936 年，傅斯年也将家迁至南京，然而，南京却也不是史语所和傅斯年可以安稳落脚之处。

1936 年，蔡元培身体每况愈下，无力过问"中央研究院"里的事情，他本想让朱家骅代为处理院中大小事务，可惜朱家骅当时身缠万事，无暇顾及"中央研究院"内事务。此情此景，朱家骅又一次想到了傅斯年，并请他代理"中央研究院"的各项事务。

傅斯年无所推辞，身兼史语所的命运，也托起了"中央研究院"的未来，他开始了不断奔走于南京和北平之间的日子。

1937 年 7 月 7 日，日军在卢沟桥发动事变，史称"卢沟桥"

事变或"七七"事变，这场事变标志着八年抗日战争的爆发。"七七"事变后不久，"八一三"事变又发生了，这场事变之后，南京成了日军轰炸的目标，史语所不得不又一次面临迁移，而此时的"中央研究院"也需迁移了。

一间学术机构在战乱中迁移，是一件极其困难的事，这样的机构中往往存有大量珍贵的文献资料，稍有不慎，即可能造成资料的遗失或损坏，带来不可估量的损失。史语所的迁移已很困难，现在又要加上"中央研究院"，无疑是难上加难。

傅斯年几番盘算，觉得定要以一人之力同时负责起两处研究机构的迁移，这是需要勇气和坚韧之毅力的。

1937 年 7 月，傅斯年开始着手将"中央研究院"的文物由北平转移到南昌和长沙。要转移的东西实在太多，为了能备齐装资料、器材、标本等物品的箱子，傅斯年亲自跑遍了整个北京城。当时正值战乱，工人们也都四处逃难去了，更何况需要的箱子数量已经上千。傅斯年知道此时非比常日，他到处寻找没有关门的工厂，终于与一家家具厂联系好，请他们帮助制造箱子。

那段时间里，傅斯年仿佛铁人一般，制造箱子的工厂联系好了，他还要马不停蹄地去向上级部门申请经费，向运输部门申请运输用的车厢等。连续的奔波、极少的睡眠和总是不小心错过的三餐，让他原本微胖的身材瘦了不少，可他已然顾不上这些，他思量的，永远是如何在最短的时间内，将资料和器材等物品平安运达目的地。

傅斯年很努力，耗费的心血有了回报，"中央研究院"的东西终于平安运送到了南昌和长沙，之后又转移到了重庆大学。1937 年 8 月，傅斯年将史语所也迁到了长沙。就在他成功将"中央研究院"和史语所迁出南京后的第 4 个月，南京沦陷。

从 1928 年到 1937 年，史语所一共经历了三次迁移，在这三次迁移中，史语所的规模一次次扩大，人员也一再增加，在颠沛流离之中，史语却得到了如人一般的历练和提升。

在这 10 年中，史语所对殷墟进行了 15 次考古发掘，每次都有极大的收获；将内阁大库的资料进行了系统的整理，从而产生了一个相对完善清晰的资料库；建设了语言学实验室，使研究员们有了进行语言学研究的场所，这些无一不是在傅斯年的领导下实现的。

"七七事变"之后的 10 年里，史语所又经历了 5 次迁移，在波折与坎坷中，史语所要面对的困难越来越多，所处的环境越来越差，发展速度也越来越缓慢。

皮之不存，毛将焉附？国家处于战乱之中，其内各行又怎能安稳？从 1937 年下半年到 1938 年，中华民族经历了史上前所未有的巨大灾难。在那段灰暗的岁月里，到处是侵略者投掷下的炸弹，到处是受难者们痛苦的呻吟和哀号。1938 年 1 月，与长沙相隔不足二百公里的武汉成了侵略者们的新目标，傅斯年立刻意识到，长沙也不宜久留了。

为了史语所的安全，傅斯年只得带着全体研究人员再次南下，这一次，他将目的地选在云南昆明郊外，至于史语所的仪器和材料等物品，则被傅斯年分为两部分，一部分经由贵州转入昆明，另一部分经由广西桂林转入昆明。到达昆明后，由于条件所限，史语所的成员只得分为四组住在两处，一、二、四组住在一处，三组单独住在一处。

1940 年，昆明也开始时常遭到轰炸，无奈之下，傅斯年只得再次率史语所迁移。这次，为了能获得更长足的安稳，他决定将史语所迁到一个地图上没有标注出的地方。想要办成这件事，只有派人前往当地，仔细寻找。

傅斯年自己难以脱身，便派遣芮逸夫前往四川，命他一找到合适的地方立刻回来报告。芮逸夫在四川省内寻找了数日后，终于不负众望，觅得了李庄镇这样一个极其偏僻之处。

1940年冬，史语所搬到了四川省南溪县李庄镇板栗坳。李庄是一个历史悠久的小镇，具有众多文物古迹和人文景观，无论从地理位置还是地域条件上看，对史语所而言都是难得的宝地。

抗战年间，除了傅斯年和他史语所的同伴们，还有许多名人，如梁思成、林徽因等都在这里居住过，这也使李庄有了一种独特的学术氛围。

据史语所的一位研究员何兹全回忆："李庄在深山里面。那里没有码头，船不靠岸，大船都停在江里，由小船划到江心去接。上岸后还要坐滑竿上山。"在这样偏僻的地方，除了看书做学问，倒是没有其他的事情可以做。如此，偏僻的李庄反而无形中为研究员们提供了一个安心之所。

那时，所有的研究员们都住在一起，院前办公，院后居住，虽然艰苦，倒也愉快。每到夜里，由于油灯太过昏暗，没办法看书，大家便聚在一起聊天，聊的话题也大多与学问有关，偶尔也会聊聊生活上的事，或者从山下送菜人那里听来外面的事。

对寻常百姓来说，这里实在难待下去，可对做学术研究的人而言，这里反而更像世外桃源，至少他们在这里不用担心飞机的轰炸和炮火的侵袭。

有时，傅斯年也想参加到其他人的谈话中，可每当他一出现或一开口，其他人便没了声音，或者在他讲话时偷偷溜走。后来有同事告诉他，大家很喜欢他，很尊敬他，但也很怕他，所以才不敢和他聊天。想来傅斯年听后是有些委屈的，自己虽不平易近人，却也通情达理，今时不想成了"洪水猛兽"，令人望而生畏。

在李庄的日子，规律而按部就班，日子非常清苦，连顿新鲜的大米都吃不上，可正是这般清心寡欲的环境，倒叫人无欲无求，研究所的成员屡屡做出不小的成绩。

傅斯年眼见，深感欣慰，那颗与洋人争胜的心得到了鼓舞，一直存在的强烈使命感也得以满足。

2. 史料整理，去伪存真

傅斯年博学、好学，对史料的爱超越一切，他觉得没什么比真实的史料有更强大的诱惑力。在国外学习的那些年，让他对真实的史料产生了特别的感情，越发意识到只有真实的史料才有助于历史研究的发展，有助于人们了解真正的过去，从而发现逝去的岁月里最重要的精神。

自 1928 年起，傅斯年在史料的收集和整理工作上便不遗余力。当初，为了购入大批珍贵的历史档案，不让它们落入外国列强之手，他不断奔走，寻求帮助。在写给蔡元培的信中他说："其中无尽宝藏。盖明清历史，私家记载，究竟见闻有限；官书则历朝更换，全靠不住。政治实情，全在此档案（大内档案）中也。"

经由蔡元培和杨杏佛的帮助，傅斯年最新的大内档案算是保住了。可保管并不是傅斯年的主要目的，他希望将这些史料重新整理，突出其主要价值。

大内档案内容庞杂无序，要将如此多的史料整理完毕，非一人之力可以达成，傅斯年觉得必须有一帮同路人帮忙才行。

1929 年 9 月，傅斯年成立了"历史语言研究所明清史料编刊会"，专门负责对这些史料进行整理和编辑，编刊委员除傅斯年本人外，还包括陈寅恪、朱希祖、陈垣和徐中舒。这几个人各有所长，陈寅恪精通满蒙文字，朱希祖有过整理清内阁档案的经验，陈垣是档案整理和分类的专家，徐中舒则擅长处理具体的业务。

一人之力有限，十人之力较强，百人之力无穷。有了同伴，事情就容易许多。这是一项非常巨大的工程，不但繁重，而且枯燥，时常会让从事的人头痛眼花。

截止到 9 月底，档案整理组共有 20 名工作人员，他们历经近一年的时间，将这些档案进行了整理、分类，除一些破损过于严重的档案外，其他档案皆被整理妥当，并于 1931 年开始以《明清史料》的名字进行公开印刷和出版。

《明清史料》全套书共分十部分，每个部分有 10 本，共 100 本，其中前三部分出版于抗日战争之前，第四部分出版于抗日战争胜利之后，还有六部分出版于史语所迁至台湾之后。由于时局动荡混乱，直到 1951 年，这套书籍才得以全部出版。

在整理史料时，傅斯年本是寄予厚望的。面对内容包括万象的史料，他断定它们必然极具价值，加之这份史料来之不易，他内心的期望值很高。然而，当没能在其中发现一些过去被人们遗漏的信息，只看到一些与已有史实相同的内容时，他心头掠过了一丝失望。当他以平淡的语气告诉李济，"没有什么重要的发现"时，李济笑着调侃道："什么叫重要发现？难道说先生希望在这批档案内找出清朝没有入关的证据吗？"傅斯年听完，也晓得自己期望太高，随之笑了。

万事自有章法，该来的一定会来。1930 年，工作人员在整理"大内档案"时偶然发现了一些《熹宗实录》的散页，这对傅斯年来说的确是意外的惊喜。

《熹宗实录》属于《明实录》的一部分，而《明实录》是一本记录了从明太祖朱元璋到明熹宗朱由校期间的皇帝史实文献，其中包括《太祖高皇帝实录》、《太宗文皇帝实录》、《仁宗昭皇帝实录》、《宣宗章皇帝实录》、《英宗睿皇帝实录》等，共 2909 卷。《明实录》中记载的数据和资料都与史实极为贴近，极具研究价值。

当时，北平图书馆中有一套《明实录》的收藏本，但由于多种原因，这套收藏本中没能避免一些错误和遗漏，且其中《熹宗实录》的第 13 卷不见了。兵工厂署存广言馆也有一套馆藏的《明实录》，巧的是，这套《明实录》中同样缺少《熹宗实录》这一部分。可见，傅斯年等人发现的《熹宗实录》，是当时难得一见的史书珍品，属绝版资料。

这下，傅斯年的期望得以满足。他在"大内档案"中发现《熹宗实录》的散页后，便想，如果能用这些资料填补馆藏《明实录》中缺失部分，并对馆藏版本中的错误进行校正，中国便可以拥有一套相对完整真实的《明实录》了。他仔细地对这些散页进行挑选和整理，找出它们的正确顺序，作为填补和修改馆藏《明实录》的内容。

《明实录》的校勘工作与编写《明清史料》的工作是同时进行的，傅斯年组织人员开展了《明实录》的校勘整理工作后，参与其中。《明实录》中共 36 卷的《太祖实录》就是由傅斯年亲自校勘的。

1930 年下半年，傅斯年等人将找到的散页按照正确的顺序排列整齐，并进行装裱，一共历时半年左右的时间，终于将这些散页装订成册。之后，他先将北平图书馆馆藏的《明实录》借了出来，打算在此套图书的基础上进行修订和填充，此项工作结束后，他又借来了兵工厂署存广言馆的馆藏版本，意在将其中缺失的部分补齐。

在对广言馆藏本进行校勘的过程中，傅斯年建议校勘人员以北平图书馆藏礼王府本、北京大学图书馆藏本、武汉大学图书馆藏本及历史语言研究所原藏朱丝栏精抄本为参考进行校勘，他还不惜花重金购买了刘氏嘉业堂的藏本供大家当作参考，足见其谨慎之心。

找到的散页中，有些内容也并不是完全的，由于年代久远，储存不善，又多次被人转卖，有些书页破旧，有些模糊不清，有些干脆遗失了，傅斯年得到的这些资料，其实也并不能完全恢复历史原貌。

怎么办？是追求完整，还是遵照史实？有道是天地本不全，世间万事皆有遗憾。傅斯年明晓这个道理，他遵循的是"存而不补"的原则，即只存留所有的，不擅自填补缺失的。

在傅斯年的脑海里，作为一名史学研究者，最重要的就是能以客观的角度去看事情，在进行研究时不掺入任何个人情感和私心。"材料之内，使它发见无遗；材料之外，我们一点也不越过城去论。"他这样说。

傅斯年曾提出过，"近代的历史学只是史料学，利用自然科学供给我们的一切工具，整理一切可以缝着的史料。史学的对象是史料，史学的工作是整理史料。"他将历史比作一个缺边掉底的破罐子，可即使它很破，也不能破罐子破摔，毁其形态后重新塑造，或随意给它添边加底，都将使其失去原有的特点，成了后人改造过的东西。

傅斯年决不允许"把研究者的主观价值放到史学研究里"，

这样的人不能成为研究伙伴，反而会影响研究的正常进行。在挑选研究伙伴时，他总会先认清其人，若此人情绪化严重，无论在史学方面有多深的功底，多么独到的见解，也都不在他考虑之列。

从开始校勘到正式出版印刷，《明实录》的校勘工作历时数十年。在校勘《明实录》初期，傅斯年聘请了当时在明史研究领域颇有造诣的学生李晋华负责主要的校勘工作，并给他派了3名助手。

李晋华是傅斯年一手带出的学生，他的学术和为人傅斯年了然于心。只可惜，李晋华于1937年因病去世，他的助手们见主要负责人不在了，便先后辞去工作，放弃了这项任务。之后，傅斯年又聘请了其他人接手，可后请的人中，只有一人一直坚持到了最后。

1938年，史语所迁到昆明后，两套馆藏《明实录》已全部校对完毕，傅斯年亲自对这两套书进行了最后的审核和校对，之后将校勘本送去香港印刷。在最终送去印刷的《明实录》校勘本上，可清晰地看到傅斯年细心做下的标记和用红笔写的批改意见：写有"查"字的说明这些文字的是非性一时难以确定，写有"此条存"的说明校语有必要保存，标有三角号的表示这些内容应该用双行的格式排在正文下方，标有冒号的地方表示这些内容需要顶格排版印刷。

傅斯年整理和出版的这两套史料对历史学界意义重大，它们的出版，也使得《明实录》的史料学功能被激活，越来越多的人意识到要以客观公正的态度对待史料，意识到史料的可靠性与其价值的关系不可分割。一言以蔽之，在中国史学发展的道路上，傅斯年功不可没。

3. 全力助学，育才有道

硝烟四起，战火弥漫，八年抗日战争开始了，傅斯年和史语所的同伴们的研究仍在继续，他们在那个闻不到硝烟，看不到战火的地方，取得了大量研究成果。没有经历过那段日子的人纵可想到他们的艰辛，却是实难体会的。

安定下来之前，他们要在极其困难的交通运输中保护上百吨重的文物和资料，当文物和资料送达南溪，众人刚想松一口气时，意外发生了。

文物以水路方式运送，在靠近宜宾时，一只船翻了，满船的书都掉进了水里。幸好书是装在箱子里的，没被水冲走，全都找了回来，可书却全湿透了，一些手抄的字迹也被水泡得有些模糊，傅斯年心疼不已。

当时的条件恶劣，傅斯年他们虽是做学问的，看似没有体力劳动者消耗能量快，可研究工作极耗精力和心神，也自然需要更多营养。任傅斯年再有解决问题之能，填饱肚子靠的是粮食，而其时太多难民聚集在四川，当地物资极度短缺，研究人员们吃不上饭的情况时有发生，傅斯年也无能为力。

"衣食足而知荣辱"，人只有吃饱穿暖，才有多余的心思去思考更多问题，若每天都在为下一顿的食物发愁，哪还有精力关注更多？从常人角度看，傅斯年一众在那样一个连基本温饱都无法满足的环境下，是无法继续进行研究和进修的，此时人的意志力发挥了难以想象的能量。这些文化事业的先驱，硬是顶住生理需求的压力，与环境斗争，毫不松懈，这自然是唯精神所能及的。

傅斯年自己注重研究，还持续不断地大量选拔、培养优秀人才，为史语所保存和增添实力。

被傅斯年挑选出来的人都有着同样的特点：他们热爱学术和真理，不图权势和富贵；他们具有扎实的基础和刻苦学习的精神，不怕环境的恶劣和外界的干扰；他们具有强大的理解和分析能力，能在未来的日子里不断前进；他们将为学术而奋斗作为终生目标，信念坚定，不偏不倚。

古与今相通点颇多，比如"走后门"。那时不少人希望能凭借自己身后的靠山或与傅斯年的交情进入史语所，是为"走后门"。想来，他们是看不清傅斯年的。他要的是真才实学的研究员，不是不学无术的关系户。想要打动他，最好的办法就是将自己的才华和坚定的意志展示在他面前。

严耕望在进入史语所之前，即是打算找些知名人士帮他做推荐，可一直没有合适人选，得知傅斯年的原则后，他决定放手一搏，不靠任何人，他直接把自己已经出版和未曾出版的论文，连带一封申请书寄到了傅斯年处。

傅斯年收到严耕望的论文后，仔细地阅读了每一篇，读毕，他对严耕望的学术能力非常认可，只是他在史学领域还是一名新人，资历尚浅，若是直接招入做助理研究员，怕其未必能够胜任。考虑再三，傅斯年给严耕望写了回信，信中先对他的能力给予了肯定，之后问他愿不愿意先到所里做一名助理员。

严耕望在寄出自己的材料后，本没有抱多大希望，他有自知之明，却没想到竟能收到傅斯年的回信，得到傅斯年的认可，这让他喜出望外。要知道，能进入史语所继续深造已是天大的喜讯，哪里还会在意是以什么身份进入？他马上收拾细软，动身前往史语所报到。

傅斯年没看错人，严耕望进入史语所后，学习之心极强，经过傅斯年的精心指导，他有了长足的进步，写出了不少高质量的论著，颇有独当一面的潜力。

1937 年，抗日战争爆发后，北京大学首先迁至湖南长沙，和清华大学及南开大学共同组成了临时大学，次年 4 月，临时大学迁往昆明，改名为国立西南联合大学。在这段时期内，北京大学恢复了文科研究所，重新开始招生，而傅斯年则又一次受聘于北京大学，担任文科研究所的所长，在昆明和李庄都设了学习点。

1938 年，傅斯年将北京大学文科研究所的招生办设在了重庆，毕业于四川大学的王利器得知此事后，急忙赶去应考，可惜因家在江津山区，交通不便，当他到达招生办时，招生工作已经结束。王利器很失望，但转念一想，又打起了精神，他听说傅斯年爱才如命，也不拘泥于规矩、形式，于是他决定直接去找傅斯年，以表意愿。

两人见面，傅斯年看了他带来的《风俗通义校注》，那是王利器在国民政府第一届全国大学生会考中的论文，也是他的毕业论文。这篇论文论点鲜明，论据有力，全文逻辑清晰，是当届会考中的满分论文。傅斯年一看便知此人学识不浅，当即决定给王利器一个机会，特地为他举行了一场单独考试。

当时重庆正值危险期，时常遭到敌机轰炸，傅斯年本打算让王利器逐一参加每一科考试，却不想第一科刚考了一会儿，天空中就响起了刺耳的警报声。安全起见，傅斯年立刻中止考试，带着王利器向防空洞跑去，待外面稍微平静些再带他回考场继续考试。谁知，回到考场后没多久，警报声再次响起，他们二人只得又一次跑向防空洞。就这样，考试还没考完，他们就已来来回回折腾了 7 次。

中午时分，王利器的英语考试终于结束。从考试的结果上看，傅斯年十分满意，看出王利器是有真才实学的，更感到了他对进修的坚定决心，不然，他也不可能在如此混乱的情况下答完试卷，而是早就逃命去了。

吃午饭时，傅斯年告诉王利器，他已经被录取了，且获得了奖学金，不需继续考试，王利器闻听此言，激动万分。

傅斯年劝王利器快些离开重庆，回家做准备，至于之后去昆明还是李庄，则由王利器自己决定。王利器毅然决定去李庄，那里有更浓郁的学术气息，如此，李庄又多了一名优秀的研究生，傅斯年又多了一名高徒，这位高徒在日后也没有辜负傅斯年的栽培，成了一个知名的文史学家。

对于学生们的发展，傅斯年会给予指引，却不强加干涉。他希望研究所的所有人员都能依据个人特长，发现自己最擅长的领域，并在此领域中出类拔萃。无论是刚刚入门的青年学者，还是已有经验的资深学者，傅斯年都一视同仁。他的同事李方桂曾回忆说，傅斯年不同于其他办事的人，比起让学生们按照他的指示去做研究，他更喜欢让学生们做他们自己想做的研究。

王利器虽是傅斯年直接指导的研究生，在学术上却与傅斯年有着不同的爱好，傅斯年偏好于先秦民族史、中国古代思想史和明史，他却偏好于古籍的校勘和注解。傅斯年获悉后，不但没有强迫他转变，反而大力鼓励他在自己喜欢的研究领域再接再厉。

当王利器对《吕氏春秋》产生浓厚兴趣时，傅斯年也耐心地给予指导，帮助他完成了关于《吕氏春秋》的长篇论文，王利器颇为动容。

傅斯年强调，无论研究方向偏向哪一领域，都必须确保基本功的扎实。为了让学生和研究人员们都有进步，他对每一个人都悉心指导，对每一篇新人写的论文都详细圈点、修改和指示。

在傅斯年的指导下，战乱年代亦是涌现出一大批优秀学者。这些学者日后能名扬海内外，都与傅斯年当初的领路有密切关系。傅斯年将人才选拔和培养作为个人使命的精神，是让人由衷钦佩的。

4. 劳心劳力，病而不知

傅斯年是典型的山东大汉，长得高大，看起来很强壮，并不像孱弱之人，但实际上，他的健康状况并没有看起来那么好。

早在抗日战争开始之前，他便已身体不佳，虽然没有大病，却是小毛病不断。胡适曾说，傅斯年"娇弱的禁不起风"，这话听起来有些夸张，却也接近事实，对于傅斯年这样正当壮年的男子来说，时常生病确实娇弱了些。

傅斯年的身体状况也许与他所承担的压力有关。压力本就容易令人虚弱，今世的许多研究都表明，压力大的人容易患上各种各样的疾病，如神经衰弱、胃病、心血管病等。压力还会影响一个人的休息，而休息本身又与身体健康关系密切，如此一来，恶性循环，身体难免不会垮掉。

傅斯年生来便有担当，青年时，就承受了各种各样的压力，但因性格豪放，为人直爽，有些原本不是他的责任，他也大包大揽，一肩挑起，这自然让他总是透支健康。幸而他精力旺盛，诸般小麻烦和困难也从不被他放在心上，所以对压力的承受能力相对强一些。后随着抗日战争爆发，他要面临的压力更大，而且他已人到中年，就算精力再旺盛，却不能与年岁抗争，时间久了，他也感到不妙了，身体向他发出了各种形式的抗议。

傅斯年去看眼科的时间是 2 月 18 日，当时只是眼睛不适，没有其他异常。到了 3 月下旬，他开始感到身体不适，且越来越严重，于是会议结束后，他立刻赶往医院，接受内科的详细检查。

检查结果出来时，傅斯年被吓了一跳，像他这个年纪的人，正常血压应该在 80～120，可他的血压却出奇得高，已经达到了 140～220。医生又对他的眼睛进行了复查，发现他左眼有一处毛细血管发生破裂，情况十分危急，如果不立刻治疗，极有可能加重病情并因此而失明。

医生的话自是不假，傅斯年这才意识到问题的严重性，虽不情愿，他也不得不暂时放下手上的工作，住院接受治疗。人是在医院里，他心却一直在外面，对工作的执着和热爱让他难以安下心来养病，一有朋友来医院探望，他就会左打听右打听，询问所里工作进程情况。

朋友们都晓得他的性格，也觉得没有回避的必要，但说话还是有所保留的，因为一旦告知实情，比如工作上的某个环节出了什么问题，他一定会急着出院，况且高血压病人最忌情绪激动，思虑再三，他们只捡些无足轻重的事说与傅斯年，让他放心养病。

傅斯年在医院共住了 3 个月，血压终于有所降低，他住的地方离医院较近，医生也就允许他回到家中继续静养，若一旦发现身体不适，必须及时回院就诊。

傅斯年在家中又养了 2 个月的病，一直到当年 9 月份左右，他才勉强能走些路，便不时出门走走，透透气。

对傅斯年这样的人来说，长时间待在一个小房间里实在是件难熬的事，他非常急切地希望能早一些回到自己正常的生活和工作中。

福无双至，祸不单行。傅斯年患疾之时，尚不知自己年迈的老母李夫人已病入膏肓，无法救治。所有人都知道，傅斯年对母亲的感情极重，若是告诉他，他必急急赶来，考虑到他本人还是个病秧子，不宜颠簸，不宜激动，家人也就把事情瞒了下来，只等他的身体情况稳定后再提。没想到，李夫人未能撑到与儿子见面，同年 10 月，李夫人病逝，傅斯年得到消息后深受重大打击，刚刚有所稳定的血压又一次升了上来。

1935 年，傅斯年的儿子傅仁轨出生后，他曾将母亲从聊城接到北平，与他们一同生活，他觉得这是身为长子的责任和义务。若不是抗日战争爆发后忙于史语所的迁址和文物、材料等转移，傅斯年绝对不会将母亲托付给其他人照顾。当时，李夫人已经年迈，行动迟缓，身边又不能没有人照料，于是傅斯年派了一位下属和两个侄子一起陪在李夫人身边，请他们务必将李夫人护送到安徽和县。

托付了母亲，傅斯年的心思又回到史语所的迁址工作中，谁知当他到达重庆后，只见到了两个侄子，并没有见到母亲。傅斯年问过才知，安徽发生战乱时，两个侄子没能把李夫人带出来，这让他大怒不已。傅斯年大声斥责了他们，甚至当场打了他们耳光，两个晚辈心中有愧，自然也不敢说什么。之后，傅斯年急忙派人去安徽将母亲接出来。

辗转近 1 个月后，李夫人终于到了重庆，而傅斯年却又要离开了。他将母亲和弟弟安置在重庆歌乐山一处安全的地方，称母亲的全部生活费用都由他负担，之后便带着史语所迁往昆明。

老母年迈，作为儿子的不能在身边尽孝，傅斯年心中有愧，却也无奈。李夫人对儿子的决定是支持的，所以没有异议。

那一时期，傅斯年由于工作忙碌，很少回去探望母亲，多数时间是靠来信得知母亲的情况。那时，李夫人已患上胆结石，家人并没有及时告诉他。

此番突然得知母亲病逝，自己又未能服侍母亲左右的内疚和未能见母亲最后一面的惋惜，让傅斯年的高血压症又一次加重。他回到重庆，操持母亲的丧葬，整日忙得无暇休息。偏偏在此时，他又接到了请他出席 11 月中旬的国民参政会会议的通知。傅斯年本不想去，但他听闻有人在四处散播谣言，说他已经病入膏肓，快要不行了。为了粉碎谣言，他强打起精神前往。然而，他的身体状况毕竟不好，会议进行到一半时，他终因深感体力不支而不得不中途离会。

回到李庄后，由于长时间的奔波、辛劳，傅斯年的血压升得比在重庆时还高，医生建议他暂时不要太忙工作，至少静心休养两年，让血压稳定下来。两年？这让工作狂人傅斯年如何接受？他并未谨遵医嘱，只在家里休息了两周，刚感觉好一点，就又马上投入到史语所的工作中了。

患高血压病的人不能动怒，傅斯年算是吃了大亏，他天生急性子，脾气又暴躁，这对他的身体状况自然有害无益。另外，他过于忙碌，缺少休息，这也是对高血压病极为不利的。正因这两方面双管齐下，他的病情一直没有好转，反而越来越重，算是自此落下病根。

5. 为保研究，普及科学

古老的小镇，平缓的江流。坐落有序的古建筑上铺着黑色的瓦，远远望去，好像层出的蘑菇。每到傍晚，夕阳西下，苍老的黄桷树静静地站在路口，守望着归家的人们。

街道弥漫着各种生活的气味，来往的村民们一脸喜悦和平静。这里是李庄，抗战时期难得的一块清静之所。初到此地的人都会被这儿的山清水秀所吸引，也会因到达这样一个与世外的喧嚣隔绝的静所而感到喜悦。史语所刚刚迁到这里时，所里的成员们也有着同样的感觉。

对于质朴的村民来说，傅斯年等人是客，虽然不知道他们究竟是做什么的，为什么而来，但村民们对待他们都非常热情，为他们腾出住所，帮他们准备炊具，这让他们心中顿时升起了暖意，感到了世间最纯的情。

然而，任何一个地方都不是完美的，这里的村民们淳朴好客，待人亲切，可在这附近还有一些人是蛮横强势的，那便是南溪的土匪。

史语所落脚的地方板栗坳，离李庄还有一段距离，算得上是偏僻之所，此处山高皇帝远，土匪们自然也就比较猖狂，时常打家劫舍，无恶不作。

为了能方便史语所研究人员和板栗坳居民们的生活，相互之间也有照应，傅斯年决定办一个合作社，负责外出采购生活用品。在挑选负责人时，傅斯年看中了史语所一名姓魏的工人师傅，魏师傅为人忠厚老实，待人善良友好，把这样的差事交给他，傅斯年很放心。

魏师傅也着实不负傅斯年所托，每次外出采购，都会尽力采购足量的物资，从没有过中饱私囊的行为。

魏师傅是个心思简单的老实人，他每次去采购前都会先从史语所拿钱，然后前往李庄、宜宾、南溪县城等地，采购到足量的物资后再原路返回。在一次去泸州的路上，他走得有些热，脱了外套，将钱裹在腰带里，没想到就这样被土匪盯上了。

当他走在山路上时，几名土匪突然从路边的竹林里窜到他面前，手中挥舞着二尺长的砍刀，威胁他如果不把钱留下，就要取他的性命。魏师傅哪见过这样的架势，吓得连忙留下了钱，空手回了史语所。

傅斯年听完魏师傅的讲述非常气愤，他倒不是气魏师傅胆小怕事，也知道他这样的老实人不可能说谎，他气愤的是，这些土匪在光天化日之下就这样明目张胆去打劫，实在无法无天！傅斯年一边安慰魏师傅，一边提笔给南溪县政府写信，请他们一定处理这些土匪，以免更多无辜的人遭受不幸。

打这件事以后，傅斯年也多了一份警惕性，他给魏师傅写了一封史语所的公函，让他再出门采购时带在身上，若再遇到突发情况，可以凭公函要求当地机关给予保护。

一波刚平，一波又起，傅斯年再三小心，还是遇到了横事。史语所被土匪们光顾了。

看到史语所办公室里的一片狼藉，傅斯年又心痛，又气愤。他再次给南溪县第三区区公署写信，上报了他们那里的情况，又亲自找到南溪县的县长，向他说明了史语所所存之物的重要性，最后，傅斯年为史语所赢得了一个连的保护。

在得到政府保护前，为了不吸引土匪的注意，傅斯年特意换掉了书库和藏馆的牌子，他还提议每个人都在床头放一面小锣，形成一个人工的安全系统，这样无论谁发现危险情况，都可以及时敲响小锣，通知所有人。一些人笑他过度紧张，可他不这么认为，所谓小心驶得万年船，况且文物和资料的安全比自己的性命还重要，容不得半点闪失。

傅斯年就是这样小心谨慎，为了史语所的安全，他付出了太多，可即便如此，史语所依然遭殃。

板栗坳是个偏僻闭塞的小地方，很难与外界快速联系，当地的生活过于落后，土匪给史语所造成的祸害平息没多久，当地村民又给史语所带去了一些麻烦。

史语所安定下来后，便继续开始各项研究，这其中也包括考古研究。一些村民看到了他们陈列馆中摆放的各种动物的骨片和人类的骨头，大吃一惊，急忙告知其他人，说史语所里有大量的人骨头，怕是他们平日里杀了人或吃完人剩下的。谣言总是这样，一旦传出，就会越传越远，越传越夸张，渐渐地，整个板栗坳的村民都认为史语所里住着一群可怕的人，他们平日里会杀人，还会吃人肉，吃完了还把骨头留在屋子里。

一时间，村子里人心惶惶，所有人都担心有一天自己也成为史语所里的一具白骨，于是他们每次路过史语所都会绕道而行，看到里面的人也都吓得惊慌失措。对于村民们的举动，傅斯年感到无奈，甚至觉得可笑，好在他们并没有太大的作为，他也就不去理会村民们的想法了。

有些事不怕猜测，就怕巧合。当时除了史语所，营造学社和同济大学也扎根在李庄。营造学社曾在梁思成的带领下进行过古墓的挖掘，而同济大学的医学院里恰好又有解剖课，曾有村民偶然间亲眼看到他们将尸体大卸八块，将人的五脏一一取出进行讲解，手中还拿着血淋淋的刀子。村民们将他们这些行为联系在一起，谣言便传得更加离谱，有板有眼。

更巧的是，就在那段时间里，一个村民的孩子走丢了，他便认定是这群外来的"吃人魔"把孩子捉去吃了，同济大学里解剖的就是他的孩子，他们和史语所里的人一起吃了肉，把剩下的骨头放在了史语所。

这个村民的联想的确丰富，听起来也合乎情理，他这样一闹，整个村子都愤怒了，他们拿起各种工具包围了同济大学和史语所，向里面的人讨公道，并扬言要杀了这些冷血的人，给孩子报仇。

傅斯年没想到一个小误会能让事情闹得如此荒唐，他与同济大学的校长先后出面解释，可村民们完全听不进去，一心想着杀了他们报仇。随后的时间里，傅斯年和史语所的研究人员根本无法出门，因为他们只要一露面，就一定会遭到村民们的暴打和唾骂。

消息传到重庆，重庆政府考虑到文物及研究人员们的安全，派了军队前来保护他们，面对全副武装的军队，村民们这才停了手，放过了史语所和同济大学的人。

这还不算完。村民们回到各自家中，将小镜子和艾草挂在了门框上。这是当地的风俗，小镜子俗称"照妖镜"，传说能让妖怪现形，妖怪一看到这样的镜子就会马上躲避，不去那户人家作恶；艾草相传也是能辟邪之物，挂在门上，可保佑这一家人不被邪气所侵。显然，村民们对史语所和同济大学的恐惧还是没有消除，在他们心中，仍将这两个地方的人当成妖魔鬼怪。

事实上，真正的妖魔鬼怪哪里是他们？可这是思想闭塞的村民们无法理解的。

再也看不到史语所和同济大学等学术机构刚刚到达李庄时，村民们满脸的热情和笑容，再也看不到当时两方人和睦相处的画面。此时，村民们有的只是满脸惊恐和厌恶，以及避之不及的态度，如此鲜明的反差，让傅斯年心里很不是滋味。村民们这样的想法和做法，让他感到又可笑、又可悲。

傅斯年知道，村民们会有这样的想法，关键是他们没有接触过科学，不懂得先进的科学研究。他想，如果能让这里的村民们接触到这些知识，他们或许就会渐渐接受史语所，理解史语所。他很快找到同济大学的校长、南溪县县长和李庄区区长，向他们提出了自己的想法。经由他的提议，李庄区的区长决定对当地群众开展科普教育。

傅斯年积极响应区长的决定，立刻组织人在李庄开展科普教育，他将展览馆开放，将那些曾令村民们闻之色变的东西全部呈现在他们面前，并派了专人为他们进行讲解。

村民们一开始并不想去，但有区长做担保，也只得将信将疑地去了。他们挤在展览馆里，听着讲解员向他们讲述每一件文物的来历和历史，告诉他们那些骨片上记录着数千年前的文化，经历了上千年的风霜才得以重见天日，就这样，村民们心头的疑云渐渐散去了。

村民们沉浸在新知识流入血液的畅快感中，久久不能自拔，长达几个月的展览结束后，他们已经完全相信了这些外来人，相信了他们并不是吃人的妖魔，对史语所和同济大学的成员们也有了新认识、新态度，且更多了几分敬仰之情。

他们摘下了挂在门框上的"照妖镜"和艾草，再见到这些外来人时，也会很亲切并友好地与他们打招呼。自此之后，史语所也再没有受到当地村民的误解和攻击。

傅斯年此举，主要目的是为了保护史语所和研究的正常进行，但不能否认的是，他的这一举动为当地的村民带去了益处。村民们因此接触到了现代文化，并从蒙昧和落后中走了出来。可以说，傅斯年是带领板栗坳村民们脱离蒙昧的人，也是将现代文明和文化传播到板栗坳的人，从这个方面可看出他对贫困地区的人文关怀。

6. 施援同伴，视为己责

难得静谧桃源，无奈生活艰辛。板栗坳的家对傅斯年而言，算得上是一处世外桃源。这里的房前屋后自然地生长着些花花草草，再向外，是一片竹篱笆，那是傅斯年亲手围上的，为的是阻止外人擅自闯入。

在村民们眼中，傅斯年是个神秘的人。当初，他能让政府派人来保护史语所，又能对犯了错的士兵严厉训斥，大家都以为他是位大官。可后来看他的生活状况，又觉得不像。哪个政府的大官能像他这样，过得和普通村民一样穷困呢？

傅斯年不是个冷漠的人，也不是个为了避开世事繁乱才躲到这个偏僻山村里的人。相反，他骨子里有一股热情，一股冲劲，也关心天下大事。如果不是为了给史语所和中研院寻一个安静的，可以做学问、做研究的地方，他是不会来到这里的。

他和古代那些为了躲避乱世，或对社会感到失望而退隐山林的诗人不一样，他对外面的世界还抱有希望，对学术研究的未来也抱有希望。

刚到板栗坳时，由于当地比较落后，没有学校，而自己的孩子又到了应该读书识字的年龄，傅斯年的妻子俞大彩便承担起家庭教师的角色，一边教自家的儿子，一边教李方桂家的女儿。

俞大彩知书达理，举止端庄，受过高等教育，曾毕业于上海江泸大学外语系。幸好有她在家教育孩子，操持家务，傅斯年才可以无后顾之忧地在外工作。

傅斯年从重庆回到李庄，起初是为了养病，可等他真的回到这里之后，却没有一天真正地休养过。根据董作宾的回忆，傅斯年在李庄时，除了处理史语所和中研院的日常工作，还要指导手下的学生们和研究员们，与他们讨论研究的课题，再对他们的论文进行审核和编辑，最后将这些论文装订成册。

在董作宾的记忆里，傅斯年是一个极其热心之人，所里有人生病了，他比生病的人还着急，忙着去镇上请大夫，接着到处跑着抓药；谁家没有粮食和日用品了，只要他有空，就会跑出去帮忙买。时而，傅斯年的热心简直到了爱管闲事的地步，他甚至会在厨房里人手不够时钻进去帮忙打苍蝇，或让人去锄掉路边那些碍事的野草，甚至让人多往茅厕里撒些石灰，以防止招来更多苍蝇。

有时难得闲暇，傅斯年也会留在家里陪陪妻儿。也许是从小受到祖父的影响太深，傅斯年很喜欢给儿子讲些历史故事和爱国英雄的事迹，或背诵一些诗词给儿子听，就像当年祖父给他讲故事一样。儿子还小，什么都不懂，可傅斯年坚持这样做，他相信从小培养起来的意识会对孩子以后有重要影响，他希望自己的儿子长大后也能成为一个有责任感，不牟私利，堂堂正正的男子汉。

战争爆发后，中研院里所有高级研究员的薪水都被统一压缩到每月 60 元，仅是战前的 1/10。傅斯年看着身边那些同事整日刻苦钻研学术，却不能保证一日三餐，家中有小孩的研究员更是朝不保夕，为了不让孩子挨饿，只能省下自己的口粮，他的心里很不是滋味。这些人都是他带来的，跟着他在历史研究领域打拼多年，眼看他们受苦受难自己却帮不上忙，他的心痛和无力可想而知。

人人都知傅斯年是个不会在任何困难或强势面前低头的人，然而面对这些生活在困苦之中的同伴们，他放下了身段，不再昂头。他找到当地的政府，向他们求助，甚至不惜作揖请求，只为能保证研究人员们的基本日常需求。在求助的信函里，傅斯年字字诚恳，句句悲切，后人看到这些信件时，无一不被他的诚挚所打动。

在给四川第六区行政督察专员王梦的信中他写道："请你不要忘记我们在山坳里尚有一些以研究为职业的朋友们，期待着食米……"这样的句子，已能看出傅斯年此时全无锐气，他也知道这不是逞强争胜之时。若是以往，按照他一贯的语气，应该是诸如"我们这些在山坳里苦心从事研究工作的人需要食米，请速寄来……"一类的话语吧。在信中，傅斯年还用了"夙仰吾兄关怀民物"的字眼，其卑微之情尽显。

那段岁月清苦，吃糠咽菜是再平常不过的，傅斯年身为史语所的所长，没得到一点优待，他和所有人一样，日子过得紧巴巴。饥饿时时围绕着他，每当夜深人静时，这种感觉尤其明显、强烈。饿得睡不着时，他躺在床上辗转反侧，努力说服自己睡去的同时，不免想到其他同事们是否也在忍受着同样的煎熬，如果继续这样下去，研究人员们的身体都垮掉，研究工作还怎样进行？

傅斯年决定忍痛割爱，他将自己私人的一些珍贵藏书拿出去变卖，换来一些钱，置办一些米菜。然而，换来的钱往往并不全都花在他和家人身上，对所里研究员施以援手是必不可少的。

在板栗坳的日子里，受到傅斯年帮助的人不只史语所内部的成员，也有不属于史语所的人，这其中，就包括营造学社的梁思成夫妇。

营造学社与史语所不同，它不属于中研院，也不属于政府的事业部门，迁移之前，它的活动经费主要来自于"庚子赔款"，迁移之后，"庚子赔款"停止了向营造学社支付经费，营造学社瞬间陷入了窘境，一些营造学社的成员因无法忍受经济上的困窘而离开，另一些留下来的成员们则在困窘的生活中不断挣扎。

物价飞涨后，微薄的薪水更是无法支撑社员们的生活，梁思成一家的生活也越来越艰难。孩子尚且年幼，妻子林徽因刚入四川便患病，因工作的忙碌和经济的困窘久病不愈，日渐憔悴。

得知梁家的境况后，傅斯年深感心痛，也许是因同为学者的惺惺相惜之情，他不忍见到梁家这样精于学术的一家人被生活所困，有心帮助他们，可一想到自己的现状亦是捉襟见肘，他又无奈了。

一天夜里，傅斯年又想起梁家的处境，突然生出一个想法，并为这个想法兴奋不已。他立刻从床上爬起来，提笔给教育部长朱家骅写了一封求助信。在信中，他提出梁思成在中国新教育发展的道路上做出过重大贡献，并且其营造学社对中国文物的发现和保护都有重要意义，于情于理都应该得到政府的补助。此外，梁思成的弟弟梁思永一直是史语所的重要成员，曾在安阳的发掘工作中表现出色。

第二天一早，傅斯年急急地将信发了出去，之后便满怀希望地盼着能得到教育部的同意和津贴，可事情却并未如他希望的那样发展。眼看一个月过去了，教育部仍没有做出回应。傅斯年无法再等，便与当时中研院的总干事商量，先将院里的一部分经费拨给梁家救急。

梁思永属史语所一分子，可梁思成一家毕竟不是中研院的成员，对于傅斯年的请求，总干事自然不肯答应。傅斯年一次又一次请求，与其商量，最后终使对方同意。就这样，梁家在傅斯年的帮助下又支撑了几个月，等到了教育部拨下来的4000元钱。

对于傅斯年的仗义，梁家人十分感激，铭记在心。后梁林夫妇在写给友人信中亦屡屡提到此事，对傅斯年深表感激。

傅斯年其实是个有些矛盾的人，很多人与之交往，其实也都很难说清他到底是一个怎样的人。若说他随和易亲近，他却在许多时候表现得严厉固执，难以和他说通情理，特别是关于理念和学术方面的事，他从来不肯有丝毫让步；若说他不通人情，身边人一旦遇到困难，他又会格外用心，尽自己的全力去帮助，让人无法挑出一点不妥；若说他细心，他又往往不拘小节；若说他粗心，生活中必要的蛛丝马迹都逃不过他的眼……

傅斯年是个综合体，谈及工作，容不得半点马虎；论及人情，是比谁都暖心的。

7. 李庄岁月，忧喜交织

傅斯年似乎是个不愿意表达的人，这非体现在做学问上，而是与研究员相处，比如与李方桂的沟通，是有所欠缺的，就连那个受其知遇之恩的李济，也曾与他动怒。

幸而，傅斯年的身体力行改变了他人对自己的看法。由此也不得不说，傅斯年性格中的某些缺憾，令其深受其扰。

"中央研究院"的院长本是蔡元培，可他自从去了香港养病后，便几乎不再过问院里的事情了。傅斯年自从"七七"事变后被任命为代理总干事后，所有的重担便一下子都压到了他身上，史语所的发展，中研院制度的管理，人员的管理和委派，各种任务的下达和分配……铁人一般的傅斯年也几乎喘不过气来。

傅斯年握着烟斗，在刚下过雨的田间小路上踱着步，一边走，一边思考。湿软的泥土沾满了他的鞋底，走起路来有些吃力，步子也更加缓慢。距离他要到达的地方还有一段距离，而在到达之前，他必须想清楚一些事情。

傅斯年想成立一个民族研究所，他觉得中国拥有 56 个民族，每一个民族都有其自己的特点，也有其独特的文化和历史，建立一个民族研究所，对史语的研究也能起到推波助澜的作用。可是，让谁来当这个所长呢？傅斯年反复斟酌，最后心中敲定了一个人选，这个人便是海外归来的李方桂。

李方桂算得上是一个半路出家的史语研究者，大学期间，他主修医学专业，然而学业没有结束，他便放弃了医学，转而去学语言学。1925 年，他到美国留学，先后就读于密西根大学和芝加哥大学语言研究所，取得了博士学位后回国，进入了史语所，从事中国地域语言调查的工作。

见到李方桂后，傅斯年将心中所想告诉了他，本以为他会爽快答应，却不想他极力地反对，甚至颇为反感。傅斯年并不知道，李方桂对他心存误会，认为他是一个只知道跟着政府开会，帮着出谋划策的"官僚"，而不是一个真正做学问的"学者"。

李方桂觉得，研究员为重，教学人员次之，所长最轻，在机构里挂的头衔越高，作为研究者的级别就越低，此时傅斯年让自己当所长，简直是瞧不起自己，故此心里才极为不满，认为傅斯年是大材小用。

傅斯年哪里晓得这些？他见李方桂突然之间变得冷淡，且出言不逊，十分尴尬，简单回应几句便转身离开了。一路上，他感到非常委屈，不知道为什么身边人都误解他。前不久，他想要资助曾经的老师陈独秀时，陈独秀就以不想接受官员施舍的理由拒绝了他，如今，又有人把他当成政府官员。他想不明白，为什么一直以来，他一心向学，无心从政，无心为官，却一次又一次被那些知识分子视为政府的官员，并与他保持距离，甚至唯恐避之不及？

李方桂对傅斯年的学术态度有误会，但对于他这个人的为人，却是笃信不疑的。特别是此后当他看到傅斯年为自己提供了许多工作上的便利之后，更为自己曾经的嘲讽而感到内疚。他开始明白，如果傅斯年真的和那些官僚一样，那么不但不会给予他便利，还会给他出难题，令其举步维艰。他在傅斯年身上看到了无私的奉献，看到了大度和坦荡，心里对傅斯年的误会也渐渐消除了。从此，他放心了，全身心地投入到语言学的研究工作中，甚至不惜生命危险。

傅斯年以实际行动消除了李方桂对自己的误会，又是如何与李济化解矛盾的呢？

李济的二女儿在昆明时患上了胰腺炎，这样的病在今天是可以治愈的，可在当时，战火连连，硝烟满天，加上生活困窘，无处求医，最后，李济的二女儿病逝了。

早年丧女对李济已是沉痛的经历，更不幸的是，当他们迁至李庄后，他的大女儿竟得了伤寒，最后也因缺少医药和适当治疗而病逝，年仅 17 岁。两个女儿先后病逝于昆明和李庄，这对李济来说无疑是巨大打击。安葬好大女儿后，李济和妻子看着空荡荡的房间，再也无法克制内心的伤痛，不由泪流满面。

因过度悲痛，那段时间李济的精神状况不佳，时常自责自己是没用的，过去没能照顾好父母，如今又没能照顾好妻女，才使两个女儿先后离世。特别是看到妻子俯在大女儿墓前哭得昏厥过去时，李济的自责之心愈强。渐渐地，他夜不能寐，脑子里每天都盘旋着女儿们的音容笑貌，以及她们临终前的痛苦。

李济当初是被傅斯年挖到史语所来的，看到李济的不幸，傅斯年心里有说不出的痛。他不愿看到自己工作上的好伙伴遭受如此变故，也不希望他因此而一蹶不振，否则考古界将痛失一员大将。他知李济此时最需要的是朋友的鼓励和安慰，他决不能看李济就此消沉，那一时期，他时时去探望李济，安慰他，照顾他，鼓励他。

对一个沉浸在低落情绪中不能自拔的人来说，最直接的改变之法就是给他另外一个精神支柱，转移他的注意力，让他在新生活中重获动力，燃起希望，以此令其渐渐淡忘过去的不良情绪，重新面对生活。

傅斯年对李济施用了这种方法，他建议李济带几个人去西北考察，这样一来，离开了伤心之地，又将精神投入到工作中，他的精神就会慢慢好起来，整个人也就随之振作了。

傅斯年告诉李济，以他现在的年龄和经验，若是想在事业上有一番成就，只要他肯去做，就一定可以实现。他还劝李济千万不要始终沉浸在悲伤情绪中，不要在思念中浪费光阴，忽略了生命中更有意义的事。

李济心里也清楚自己的情况，他知道人死不能复生，也并非不想从悲痛中走出来，只是每次回到家中，看到空荡荡的房间和悲伤的妻子，他总会情不自禁地想起女儿在时的情景，并不由自主地陷入那种悲伤的情绪里。他也想过好好调整一下自己的人生，只是一时没有想到合适的办法。

傅斯年的提议犹如一根将他从泥沼拉向岸边的绳子，他找到了让自己解脱的门路，也找到了生活的新方向。

李济把傅斯年的建议考虑了再三，最后决定，启程去西北考古。傅斯年见李济这样答复自己，心里悬着的那块巨石落了地。他确信，李济只要重新回到工作中，精神状态自然会慢慢好起来，而有李济在，此次考古也必然会有重大的收获。

傅斯年的判断很正确，李济此行确实给他带回了好消息，也让李济自己的人生进入了另一个辉煌期。

李济感激傅斯年将他聘入史语所，也感激傅斯年在他人生中最低落的日子里给他指引和鼓励。两人的关系越拉越近，此时李济不再如刚认识傅斯年时那般，怀疑他不是个能做学问、做研究的人了。李济明白，傅斯年有一套自己的坚持，也有自己的处事方式，就是这样的招牌，让他异于常人。

傅斯年和李济相处的过程中，两人之间也产生过一些摩擦，虽有些激烈，但最后都大事化小，小事化了了。其中有一次，李济在所务会上指出管理员汪和宗冒领米贴，并请求对此事进行处理，这惹得傅斯年有些不满，认为李济是在针对他，两人就此大吵了一架，还差一点闹到教育局。

当时李济身为中博院筹备处主任，而中博院自落脚李庄，便从史语所中独立出来，成为一个单独的机构。之前，李济曾在史语所的洗相室冲洗了西北考察的照片，傅斯年知道后找到李济，告诉他中博院已不属于史语所，理不应当用史语所的资源冲洗中博院的相片，在经费方面应该划分清楚。

李济听完有点吃惊，心想傅斯年太小气了，他一直当史语所和中博院是一家，没想到傅斯年竟划分界限，一家人何必算得那么清楚呢？一气之下，他便拿了汪和宗的事出来与傅斯年理论。

傅斯年与李济理论不通，便想了个办法。中博院筹备处需要用到许多图书，这些图书都存在史语所的图书馆里，他马上下令不许中博院在史语所的图书馆里借书，以此给李济的工作设置了一个无关紧要，却令人头痛的障碍。

最后，李济服软了，不得不向傅斯年赔礼道歉。傅斯年的本意也不过是占个强势，并非真要为难李济，有了李济给的台阶，两人又和好如初了。

今日来看此事，有人要说傅斯年小题大做了。可细细想来，他这种泾渭分明的处事之风，恰是能领袖群伦的关键。

在李庄的这段岁月中，傅斯年经历过喜悦，也经历过悲伤，经历过幸福，也经历过痛苦。但无论他有何样经历，都一如既往地坚持着他的目标，坚持着他的信仰。

第八章　爱国之心，从未停止

1.《东北史纲》，以正视听

人为刀俎，我为鱼肉。抗日战争爆发后，所有国民都陷入了水深火热之中。在列强面前，手无寸铁的民众就像案板上的鱼肉般任人宰割。几次战争之后，整个东北三省转眼间便成了日军的囊中之物，日军在这片曾经安定富饶的黑土地上任意烧、杀、抢，这里的人们不再拥有幸福的家园，也不再拥有平常的生活。

与此同时，日本不但大肆侵略中国东北，还四处制造谣言，称东三省本就不属于中国，他们即使占领了东三省，也无侵略一说。

国民政府对日本的侵略一直采取不抵抗政策，寄希望于联合国，请求联合国出面为中国主持公道，然当时的联合国只是强权的附属品，他们商量之后，决定不给予中国任何帮助，并建议中日两国私下和平解决问题。

"国家兴亡，匹夫有责。"北平的报纸上不断刊登出的日军在国内的兽行，已让民众极其愤怒，国民政府的不抵抗政策更激起了民众的强烈不满。对于有着强烈民族意识和爱国之情的傅斯年来说，这样一个结果让他的心宛若刀割一般的痛。

他再也坐不住了，虽只是一名无力与日军发生正面抗争的学者，但他却可以用其他方式对侵略者的无耻表示抗议，与之对抗到底。

傅斯年认为，中国当时的情况还没有陷入无法挽救的地步，"国人不尽无耻之人，中国即非必亡之国"，如果那些正义之士能起带头作用，所有国民都能奋起反抗，中国一定能从困境中走出来。只是，正义之士要如何带头，又如何让所有国民都意识到抗日救国的重要性呢？

当时，傅斯年人在北京，身兼北京大学历史系教授一职，在北京大学的时势讨论会上，他率先提出了"书生何以报国"的问题。他义正严词地说，爱国救国人人有责，即使是书生，也应该有其报国的方式。

在座的各位教授和学者听到傅斯年的话，纷纷表示赞同，他们都是爱国之人，只是苦于自己没有强壮的身体和坚实的臂膀，不具备上战场杀敌的能力，更不知要如何才能将爱国之情表现，也不知用何种方式能救国。

有识之士都知道，联合国所给出的"解决方案"根本没有任何作用，是敷衍之词，更有坐山观虎斗的意味。而曾经用来安抚国民的《告全国军民书》，也形同废纸一张。面对危难之中的祖国，傅斯年心中激起一个强烈的念头，一定要为祖国做些什么。

自从"九一八"事变爆发以来，傅斯年一直无法安睡。他时常在夜里翻身下床，咬着烟斗在房间里来回踱步，回顾近些年来中国在战争中的失败和沉痛的后果，思考着如何才能将列强赶出中国，再也不敢擅自闯入中国的国门，剥夺本属于中国人民的领土和财富。

他打开中国地图，黑、吉、辽三省连在一起，再向西南，就到了北平。日军占领了东三省，接下来将会如何？可想而知。

傅斯年仿佛已经看到，在不久的将来，北平也会变得像东三省一样，生灵涂炭，不！他决不允许北平也变成那样，否则，国将不国。

对于战争，傅斯年心有余而力不足，虽然有些时候，性情急躁的他也想要冲到前线，可到底是身体不允许，他只能一遍遍思考，总结中国这些年来失败的原因，找到强国的根源和救国的办法。最后，他觉得自己只能用笔来捍卫祖国的领土。

傅斯年在写给友人的信中这样说："近所中拟编关于东北史事一二小册子，勉求心之所安耳。惟丁此国难，废业则罪过更大，只是心沉静不下，苦不可言。"如此，《东北史纲》诞生了。

在开始编写《东北史纲》之前，傅斯年联系了4位历史学者，由每人负责其中的一卷，加上他自己，全套正好5卷。他主要负责编写古代东北历史部分，方壮猷负责编写隋至元末东北历史部分，徐中舒负责编写明清东北历史部分，萧一山负责编写清代东北之官制及移民部分，蒋廷黻负责编写东北外交部分。

在《东北史纲》的卷首，傅斯年写下了这样一段话："吾等明知东北史事所关系于现局者远不逮经济政治之什一，然吾等皆仅有兴会于史学之人，亦但求尽其所能而已。己所不能，人其舍诸？"

此后的日子里，傅斯年奋笔疾书，挥汗如雨，不知疲倦地书写着第一卷，似乎想将心中所有的情绪都在这书中表现出来。有时，写累了，他就直起身来，看着墙上那幅中国地图。

北京的盛夏，即使到了夜里也不失炎热。傅斯年早已顾不上消暑纳凉之类的事，每当看到墙上的地图，那辽阔的地域总让他不由得感叹祖国的地大物博，也让他更憎恨日军的侵略。看着地图东北部那一大片地域，想着置身于水深火热之中的同胞，他甩了甩写得有些发痛的手，擦了擦满头的汗，又一次投入到"战斗"之中。

傅斯年编写《东北史纲》，有两方面含义——对外强调东北的主权，对内唤醒国民的爱国意识。

向帝国主义宣战，是傅斯年写作《东北史纲》的第一动机，他要通过这套书让所有人都知道，东北是中国的，不容这些外来的侵略者篡改历史，任意分割。

而唤醒那些"酣之如故"的国人，是傅斯年写作《东北史纲》的更深一层目的。他认为，只有唤醒全部国民的爱国意识，让他们对东北地区多一些了解，才能令他们心中生出坚定的抗日救国之心。

傅斯年向世人说明了东北一直属于中国，日本政府那种说法纯属子虚乌有，他在《东北史纲》中揭露了侵略者的狼子野心，号召所有中国人团结起来，保护祖国。为了证明东北属于中国的事实，他搜集了大量证据，旁征博引，无论是原始记载，或是后人在考古过程中的发现记录，一一列举，并附上了许多彩色的地图，以加强表述。

傅斯年在《古代之东北》中引用了日本学者滨田耕作和清野谦次的论点，这两位学者都曾在研究著作中提过，东北一带地区呈现出多种中国式文化、古迹和人骨，由此说明这片地区的属性。

这些证据，对日本政府的"东三省非中国领土"一说给予了有力一击。之后，傅斯年引用了一系列古书，如《左传》、《史记》、《论语》等，用来证明满族及祖先民族都居住在黑龙江。他还提出，从神话传说中能看出，东北地区的文化与中国其他地区的文化有相似之处，这又进一步证明了他最初的坚持。

从证据上看，无论是考古学者和人类学者在东北的发现，还是神话中包含的文化类别，或是殷商朝鲜肃慎等地名所属的体系，又或是东北部族的习俗与汉人有相通之处，日本方面的一家之言毫无根据。

1932年1月，联合国成立了"李顿调查团"，这是一支以英国的李顿爵士为首，包含了美国、法国、德国等强国代表的调查团，其任务是来到中国，对日本侵华一事进行调查，并将所获得的结果向联合国汇报。

起初，李顿调查团抱着一种随意的态度来到中国，可当他们看到英文版的《东北史纲》的主要部分后，重视程度当即增强。

为了向"李顿调查团"提供足够证据，傅斯年让李济将其中主要的部分译成英文，交到李顿调查团领队的手中，李顿调查团被傅斯年送来的资料震惊了，他们从未看到过如此详细的报告，大量事实摆在面前，他们很快对东北的历史和现状进行了进一步了解，最后得出了东北确属于中国的结论。

在写给联合国报告中，李顿调查团认同了东北的所属国是中国，指出日本对中国的主权有侵略和干涉行为，并因此导致了两国之间的冲突。

此报告由联合国公布于世，一时间，世界各国都开始关注这一事件，对中国表示支持，并对日本提出谴责。联合国在各国的强烈要求下，由一开始的不作为，转变为不得不出面解决这一问题。

文人的口诛笔伐，虽没有直接的杀伤力，却能让许多沉睡的人醒过来，唤醒他们的爱国意识和情绪。在傅斯年的号召下，在《东北史纲》的影响下，越来越多的民众明朗了，大批爱国之士加入到了保护祖国领土的运动中来。更有不可胜数的学者和文人开始像博斯年一样，拿起手中的笔做武器，讨伐起日本侵略者。

傅斯年的《东北史纲》，在抗日战争中起到了他希望达到的效果，让日本侵略中国一事得到了公正的判决，更让国人醒悟。

文人自强，不需操控坚船利炮，不必冲锋陷阵，以自己之能拯救国民思想，亦可谓侠之大者。

2. 呼吁救国，以笔为枪

古时的书生，两耳不闻窗外事，为的是私心得满，光耀门庭。生活于动乱之中的傅斯年，一样专注学术研究，可两耳却并不闭塞。

傅斯年是个爱国志士，这从他从事的政治活动中便可获知。他一生从未从政，但时刻关注国家大事，从五四运动起，他就已成为了爱国运动中的重要一员。无论从事何种活动，他都时刻谨记，要以国家和民族的根本利益为基础，他也以此为标准去评判一件事和一个人，若其人所做之事有损于国家和民族的利益，是要被批判的，罪应当诛！

傅斯年心中的民族意识，自小便扎根在他心里。听祖父讲述民族英雄事迹的同时，他也将祖父那份浓浓的民族情怀继承了过来，也正因如此，他才不愿意向人提起他的祖公傅以渐。

傅斯年发展史语，主要目的是让国家变得更强大，这就是爱国救国的一种表现。抗日战争爆发后，傅斯年的爱国之情更强，他不再一心扑在学术研究上，而是从史语所走出来，走到社会中，向人们宣传抗日救国的重要性，号召所有人团结起来，反对日本军队对中国的侵略。当时的报纸将傅斯年称为"狂热的爱国者"。

傅斯年毕竟还是名学者，笔是他最好的武器，而其抗日的最佳方式或许还是书写文章。中学时，傅斯年为了提高同学们的文学修养创办了《劝学》；大学时，他为弘扬新文化创办了《新潮》；抗战时期，为提高民族力量创办了《独立评论》。

那是1932年的5月，傅斯年带着两位伙伴上门拜访胡适，同行二人非是旁人，一个是与他一同编写《东北史纲》的蒋廷黻，另一个是地质学家丁文江。

傅斯年此次拜访胡适，主要的目的是与之商量创办一本能宣传爱国精神，让国人更加自信，让书生们有可以抒发报国思想的刊物。胡适当即赞成，傅斯年将这本杂志命名为《独立评论》，意为宣传"独立"精神，不依靠任何党派。

《独立评论》的主要作用是制造舆论，其中刊登的文章一共有三类，或是对日本的侵略行为进行揭露和声讨，或是对那些对日妥协的行为予以批评，或是对全国人民进行抗日的动员。傅斯年以他独特的视角和对事件进行了分析，并以他惯有的犀利风格将中国当时所面对的问题毫不留情地指出来。他所说的一切，都令国民心感不安。

当时的中国，除了与傅斯年一样的爱国之士，还有许多其他不同派别的人，有些看不清真相的人心存侥幸，主张求和；有些懦弱怕事的人心感恐惧，主张妥协；有些别有用心的人，妄想与日军交好，以获得私利。当不同声音交织在一起，就因立场的不同而观点各异，社会中开始出现了反对傅斯年的情形，有人说傅斯年所说的都是危言耸听，而有些人虽相信他的预言，却早已失去了斗志，认为中日两方军力相差悬殊，不如索性投降，以获优待。

不同的声音此起彼伏，看到这些人的嘴脸，傅斯年十分厌恶，他知道，中国正是因有了这些愚昧的人和唯利是图的人，才会失去一个大国应有的力量。日本军队残杀中国人民可恨，卖国求荣的汉奸更可恨。

身为中国人，不为维护祖国利益，反而助纣为虐，与侵略者一道欺凌同胞，他们不只失去了做人的尊严，也失去了人性。傅斯年痛恨汉奸，他在《独立评论》中对汉奸给予严厉抨击，痛斥他们是最无耻的人，最应受到惩罚。

是时，战火尚未烧到北平，不少麻木的国人还沉浸在悠然自得的生活中，去北海公园里散步，去街上闲逛，去那些与外国奸商一起开的古董铺里赏一赏古玩，买几件古董，去那些灯红酒绿的场所喝上几杯，和交际花们跳一跳舞，满心的惬意。这些人似乎根本没有想过，东北的土地已满目疮痍，他们的优哉生活也岌岌可危。

傅斯年在文中说："青年人只有一事，便是'爱'。老年人只有一事，便是钱。学生们照样弄他那闹学式的学潮，教员们照样防范他自身地位的利益，商人照看买卖他的日货，时髦的少爷小姐姨太乃至大人们还是非日货不用……"

看到那些于国难当头之际仍歌舞升平，纸醉金迷的阔家少爷、小姐、太太们，不顾国家的死活，仿佛无事般出入各种娱乐消遣的场所，脸上荡漾着无知之乐的纨绔子弟们，傅斯年不禁悲从中来。这些人还有一点良知吗？还有一点理智吗？还有一点人格吗？还有那些趁着国难坑蒙拐骗、偷抢别人钱财的地痞无赖，整日游手好闲，没钱了就去街上"拿"，让本就混乱的社会更加混乱。

国之受难，其难及民，只是民心不能所向。

傅斯年曾预言，日本的侵略不会因占领了东三省而停止，尝到甜头的他们只会得寸进尺，步步紧逼，对那些已被侵略的领土，日本会施行强硬手段，将它们变为日本的附属领地，让那些地区的居民成为他们口中"大日本帝国"的顺民，进而取消中华民族的独立，承认伪满的"独立"，并大力将日本的商品和文化在这些地区推广，最后使这里成为他们本国之外另一片完全日化的土地。之后，日本还会极力将热河也收入囊中，并将魔爪伸向北平。

果然，就在傅斯年指出这一发展趋势的两个月后，日军的触角向北平逼近。

中国的历史上不缺少爱国文人，宋朝丞相文天祥，在元兵入侵时于家乡起兵抗元，并卖掉了自己的家产，将换得的钱用来支持义军抗战。他身为丞相时，朝廷派他去议和，然他因不肯屈从于敌军而遭到关押。其间，他历尽艰辛，终于逃出了敌营，并继续从事爱国抗争运动。

再次被俘时，元世祖看中了文天祥的才华和能力，予以他高官厚禄，希望他能离开宋朝，在元朝为官，并承诺只要他肯为元朝出力，以后的荣华富贵享用不尽。

面对元世祖的利诱，文天祥没有丝毫动心，他身为宋人，一生只会为大宋肝脑涂地，耗尽心血。他曾痛斥过那些叛国投敌的人，并写下《过零丁洋》，以表自己为国赴命的决心。最后，他英勇就义，享年47岁。

明朝书画家黄道周，官达礼部尚书，晚年主动请缨北上抗清，最后被困于战场，并由于缺少支援而被清军俘获。清军设宴招待他，希望他投降，他不予理会，不喝一滴水，不进一粒米。清军见他顽固不化，要将他处决，他也没有丝毫恐惧的神情，反而谈笑风生。临刑前，他用血书"纲常万古，节义千秋，天地知我，家人无忧"明志，成为明朝著名的民族英雄。

傅斯年一直视文天祥和黄道周为榜样，对二人十分崇拜，因他们有着最崇高的人生观，最崇高的情操和气节。在傅斯年看来，他们身为文人，却能有如此的民族气节和救国报国之心，自己又何尝不可？

当然，他并不希望以死抗争，但他们的爱国之情是相通的。傅斯年也希望有一天，自己的儿子能继承这种民族主义。他曾对罗家伦说，如果他以后有个儿子，他要为儿子起名"仁轨"，取自唐朝朝鲜战场上打败倭寇的第一位将军刘仁轨。后其子是为傅仁轨。

傅斯年以自己的爱国之情和理智为子弹，以手中的笔为武器，捍卫着祖国，捍卫着国人的尊严。他一边不遗余力地针砭时弊，一边大声高呼国人快些醒来。

正是在他的高呼下，抗战年间的人们才宛若当头棒喝。国难，不是一个人的事，不是政府的事，而是全民族的事。傅斯年的号召很奏效，同胞们渐渐苏醒，或用枪炮，或用笔墨，一起投入到抗战的大潮之中。

3. 反腐当先，"炮"打官员

为己而活，只是平常；为国而活，世代赞扬。鲁迅为国而活，傅斯年也是如此，他们都用自己的笔作为武器，竭尽所能。

傅斯年以学者的身份和方式关心着国家大事，将自己的心血投注到爱国救国的事业中。《独立评论》成了他与其他爱国学者们的抗日阵地，仅他一人便在 6 年的时间内发表了数十万字的文章，皆是宣扬中华民族必胜、日军必败的观念。

傅斯年在字里行间里透着对日本侵略者的憎恶，他号召全国人民团结起来，打败侵略者，同时也表明中华民族并不是一个好战的民族，和平是其一直以来的希望，与各国和平相处是中国的希望，但其他国家若觊觎中国领土，对中国进行侵略和欺侮，国民们也不会坐视不管，定会与侵略者抗战到底。

傅斯年的思想付诸文字是有一定的政治煽动性的，他不喜从政，可对政事总能一针见血。

傅斯年将时局看得很透彻，他不相信妥协能换来安定，和解换来和平。日军的残忍和狡诈早已尽显无遗，只有让他们惧怕了，认罪了，才会从中国的领土上撤出，将抢占的统治权还给中国。

由此，在看到胡适于《独立评论》上发表了希望停战，以促使北平、天津、华北地区和平稳定时，他顿感失望、气愤。《独立评论》是爱国学者们的战地，既然这里的主要人员转变了态度，那么他是一定要退出的。

后来，在朋友们的劝慰下，傅斯年看过了胡适那篇文章的原文，才知其中有误会，打消了退出的念头，继续在《独立评论》上捍卫国家主权、传播正面思想。

在"九一八"事变一周年之际，他对事变的内在原因进行了分析，提出中华民族必胜，给国民打了一针强心剂。

彼时，伪满洲国的建立激起了民愤，眼见国民政府置之不理，许多爱国人士自发组成了义勇军，开展抗日行动。傅斯年听闻此事后深感欣慰，他对这些爱国人士的行为给予了高度赞扬，并说民众是抗日救国的主力，既然民众已经站出来了，中国的胜利也就增加了一分可能性。

那几年，傅斯年除了单纯抗日，也关注政府的一举一动，他一生都未曾从政，且坚持让自己站在政府之外，他总会及时对政府那些不正确的行为和现象进行批判，不管谁犯了错，不管那个人是否是他所敬佩的人，或是他所敬佩的人挑选出来的官员，他都照批不误，俨然比政府中人更"政府"。

当时的国民政府中，不团结的情况非常严重，作为一个国家的主要机构，内部争执不断，自顾不暇，起内讧，哪里还有其他精力去管理一个国家？更不要提让国家变得更强大，更繁荣。

傅斯年针砭时弊，说政府"丧失它的信用，堕落它的领袖，紊乱它的组织"，并盼望当时的领袖们尽快认清这个危机，"深自策励"。

在傅斯年看来，1932年签订的《上海停战协定》，也是政府内部争权夺利造成的后果。他说，"监察权用作政权争，必不能收监察之效，必致乱政之实"，如果不考虑大局，只关注内部的争权夺利，政府早晚有一天会倒下，政府一旦倒下，亡国之日也就不远了。

为了证明自己的论点，傅斯年还拿出了明朝的局势进行对比，并称此时的局势不比明朝没落之时的局势好多少。他对国民政府发出警告，要求政府立刻中止那些会导致亡国的行为。

傅斯年一生黑白分明，在他的世界里，黑就是黑，白就是白，没有灰色地带。对于抗日运动如此，对于学术如此，对于人也是如此。对于恶势力，他大力抨击，不计后果，不留余地；对于犯错之人，他也从不手下留情。他一早便深知国家执政人员的品行与国家的发展有着重要联系，所以对于政府机关的一些蛀虫，他一旦发现，即会大力批判。

1938 年抗战开始，国民政府的高层中不断出现贪污腐败的现象，其中以当时的行政院长孔祥熙尤为严重。

孔祥熙出自商人之家，青年时期曾去柏林大学和耶鲁大学留学，并先后取得了经济学硕士和名誉博士，刚回到祖国时，他还是一个积极上进的青年，先加入了同盟会，又在推翻清政府的运动中奉献了自己的青春，可后来的日子里，他却蜕变成为一个贪财之人，两手同时抓着权力和金钱。

抗战爆发后，所获得的经费本该全部用于军队补给，可孔祥熙却将其中一大部分转移进了自己的荷包。

"西安事变"后，国民政府成立了国民参政会，在政府的极力邀请下，一直不肯为官的傅斯年终于同意加入了参政会，但他同时表示，自己不属于任何一派政党，只是一个单纯的参议员。傅斯年觉得，政府官员的腐败必然会导致国家的危机。在得知孔祥熙的所作所为后，他极为愤怒，暗下决心一定要将孔祥熙轰下台，坚决不能让这样一个败类继续危害国家。

当时，孔祥熙既担任着行政院院长，又把握着国家经济命脉，位高权重。另外，他的夫人和蒋介石的夫人是亲姐妹，这样的关系让许多人都不敢指责他，更不要说有把他拉下马的想法。

傅斯年只是一介文人，无权无势，有什么能耐绊倒大象？可他全然不在乎这些，也不怕触怒政府高层。他曾说："现在革命过程中的一切牺牲是为我民众利益的，不是为贪官污吏中饱的，不是为买办阶级发财的。"在他的思想里，天子犯法与庶民同罪，不管你孔祥熙的背景有多厚，既然犯了错，皆要平等对待。

傅斯年在批判孔祥熙的函件中，罗列了大量其贪污的证据，这都是他为了扳倒孔祥熙而特意搜集的，件件属实，让看过的人无言以对。在开会之前，傅斯年将这些证据都放在一个小箱子里，为了保险，他随身携带，就连睡觉时都不离身。

但傅斯年悉心准备的这份函件没有起到任何作用，孔祥熙上演了一出以退为进的俗套戏码后，照样留在行政院。

弹劾失败了，失败的原因不是证据不足，而是政府对孔祥熙有所偏袒。傅斯年不认输，他决定在第二次参议会上继续弹劾孔祥熙。

在第二次参议会上，傅斯年又写了一篇文章，依然如往，在文中列举了孔祥熙的种种罪行。孔祥熙极力为自己辩解，称自己一向清廉，从未贪污，每月除正常薪水外再无其他收入。傅斯年一次次"炮轰"孔祥熙，让当时的国民政府也不得不对这件事引起重视。最后，政府决定将孔祥熙由行政院院长降职为副院长。

孔祥熙被降了职，可他的手仍然不时伸向政府的财政，不停地发国难财，傅斯年见他不知悔改，给他的教训还不够，于是，傅斯年做了一笔"大买卖"，直接给国民政府蒋介石写信，要求罢免孔祥熙。

蒋介石为了平息事端，私下宴请了傅斯年，言语之间暗示他不要再继续这样做，要信任他所选的人。傅斯年却一点面子也没有给他，并称一事归一事，即使"我相信你，但我仍然有理由不相信你所选的人"。

关于傅斯年和蒋介石的那顿饭，史料中衍生出多样的桥段，无论哪出，都是站在傅斯年一方，表现了他的"任性"，让人读来极为畅快。

1945 年，蒋介石迫于无奈，不得不将孔祥熙撤了职，改由宋子文继任行政院长。傅斯年见自己的努力得到了想要的结果，松了一口气。可没过多久，他的心又揪了起来，因为他发现，新上任的宋子文比孔祥熙强不了多少，同样劣迹斑斑，同样只为私利。于是，刚刚安静下来的傅斯年又开始了新一轮的抨击。

1947 年 2 月 15 日，《世纪评论》上出现了傅斯年所写的一篇文章，题目叫《这个样子的宋子文非走不可》，此文一出，立刻在社会上引起强烈反响。这是傅斯年对宋子文开的第一炮。

打铁趁热，傅斯年其后连续发表了两篇抨击宋子文的文章，指出他必须离开的必要性，并称"国家吃不消他了，人民吃不消他了，他真该走了，不走一切就垮了……"

最后，正义选择了人民，宋子文也离开了，傅斯年果真"炮"无虚发！

傅斯年因心直口快、出言一针见血、不畏权贵而得了个"傅大炮"的绰号。

4. 文人气节，拒不从政

翻阅关于傅斯年的史料，可见对他敬佩之人甚多，这其中也尤以蒋介石对他的欣赏最为有趣。

蒋介石很看重傅斯年。1946 年初，蒋介石在计划选一名北方人担任国府委员时，就已经开始考虑傅斯年了。在蒋介石眼中，傅斯年是一位优秀的学者，也是一个极具号召力的人，无论看人品还是看学问，傅斯年都算得上当时社会上难得的人才。蒋介石早就有意将傅斯年收为己用，只是一直没有合适的位置，此时有了这样一个位置，除了傅斯年，他还真想不到有谁更适合，他对陈布雷说："找傅孟真最相宜。"

陈布雷对傅斯年的为人和性格有所了解，担心傅斯年不会同意邀请，将心里的顾虑说给蒋介石听。蒋介石不相信这个世上还有人不愿意当官，他让陈布雷对傅斯年好言相劝，一定要将其说服。陈布雷无奈，心里盘算着要怎样规劝。

事情果如陈布雷所料，他见到傅斯年说明来意后，遭到其当场拒绝，连考虑都没有。之后，陈布雷又请了多位口才出众的说客前去劝说，结果都败兴而归。

陈布雷碰了太多次钉子，叹了口气，将结果转述给蒋介石，这大大出乎了蒋介石的意料。蒋介石的确没想到，傅斯年竟如此坚决、固执，只好放弃了这个念头，转而将目光投向了胡适。

蒋介石以为，傅斯年不肯加入政府，是有其文人风骨的，但请他帮忙劝一劝胡适，让胡适为国民政府效力，相信他会答应。可让蒋介石失望的是，傅斯年不但自己不肯当官，也不让胡适当官。

傅斯年告诉胡适，政府会让他们失去说话的自由，发不出内心深处的声音，他对胡适说："借重先生，全为大粪堆上插一朵花。"这句话对胡适很有分量，胡适稍加思考，立刻打消了进入政府当官的念头，回绝了蒋介石的邀请。

在那个时代，政府与文人之间有着较深的矛盾。政府力求与外敌或谈和，或妥协，考虑的莫不是私利，文人以气节、名誉为重，行为举止尽显个人性情之风。蒋介石希望拉拢傅斯年这样很有煽动力的文人，或许一方面思虑的是为政府补充真才实学者；另一方面也要平息众怒，不让他们搞出"反政府"之事。

傅斯年又怎能不晓得其中道理？一旦进入政府，自由之声顿失，日后无论做什么事，都要站在政府的角度，到时再想以客观事实为出发点，便是万般不能的。傅斯年爽直，也不是一头热，他为了避免与当时的政府发生正面冲突，在给蒋介石的一封信中写道："盖平日言语但求其自信，行迹复流于自适，在政府或可为政府招致困难，在社会偶可有报于国家也。"

胡适在创办《新青年》时曾提出过一个思想——"二十年不谈政治，二十年不干政治"。当时一心追随胡适的傅斯年受到其思想的影响，也曾将建立一个单纯的"学术社会"作为自己的使命，并喊出了"二十年不谈政治"的口号。

当时的傅斯年还单纯地认为，只要让年轻的学者们花上二三十年的时间去做学问，做研究，当他们取得一定成就之时，也就是国家得以获救之时。然而，当现实中不断出现各种问题时，他也不得不改变自己，适应世界。

傅斯年开始关注政治，主要原因有两个：第一，史语所面临着研究资金的极度缺乏，为了能让史语所得以存活并继续发展下去，他不得不请求政府的支援，与国民政府产生交集；第二，日军的侵略让国内陷入一片混乱，为了唤醒国民的爱国意识，拯救处于水火之中的国家，他不得不暂时分出一部分精力，写下呼吁人们爱国救国的文章。

至于其他因素，如史语所发展期间遭受到的来自各种势力的干涉、军阀的混战、政府的腐败等，虽然也是导致傅斯年越发深入爱国运动的原因，却也都是他放弃了"二十年不谈政治"这一思想之后的事情了。

自从参政，傅斯年这一生便再也没有离开过政治，他在1943年写过一篇名为《盛世危言》的文章，文中提到，想要改革政治，先要发动人民的力量，而想要发动人民的力量，就要去除官员们手上的特权，与普通百姓过一样的生活，不要设立明显的阶级，这样人民才能拥有自由和平等，才能将所有的力量发挥出来。后来，他又参加了许多政治会议，提出了许多于国于民有利的建议。

多年来，傅斯年一直以一个旁观者的身份审视着当时的社会，监督着当时的政府，一旦发现不利于国家的因素出现，或是有损于人民群众生活的情形产生，他就会拿起笔，犀利地去批评。他不在乎这些话会不会给自己带来麻烦，惹来执政者的怨恨和报复，他只想做问心无愧之事。

傅斯年曾说他自己"不满于政治社会，又看不出好路线之故，而思进入学问，偏又不能忘此生民，于是在此门里门外跑来跑去，至于咆哮，出也出不远，进也住不久，此其所以一事无成也"。

或许正因如此，他才一生中多次参政，却始终不肯接受一个官衔。后来，人们对傅斯年这种不肯加入政府为官的气节很是赞赏，认为他保持了知识分子的气节，没有被政府同化。

第九章　崭新之端，传思永恒

1. 移居台湾，任职台大

悠悠小岛，四面环海，气候宜人，无酷暑，无严寒。这里是台湾，中国的东南部，古典汉文学曾在这里孕育，各种各样的少数民族生活在这里，过着质朴的生活。在这样一个多山的小海岛上，四季如春，百花齐放。这里盛产各种美食，这里的人们勤劳善良。

清政府在 1894 年的《马关条约》中将台湾割让给了日本，之后的 50 年里，台湾便一直受到日本政府的控制。为方便统治，日本政府在台湾实行了一系列的"皇民化运动"。然而，日本政府的野心并没有得逞，台湾人民虽一时间无法将其推翻，却从未停止过对它的反抗。终于，1945 年，抗日战争胜利，日本侵略者被赶出了台湾，彼时，台湾回到了中国的怀抱。

台湾大学的前身，系由日本政府创办的"台北帝国大学"，成立于 1928 年，是当时日本九所帝国大学之一。1945 年，日本投降后，国民政府派人接收了"台北帝国大学"，并将其正式更名为"国立台湾大学"，设 6 个学院，5 个校区，由台湾当局教育部门负责学校的资金。

1949 年 1 月 20 日，傅斯年抵达台湾，担任台湾大学的校长。虽然之前傅斯年未曾到过台湾，但他的名字却早已传到了海峡对面。初入台湾大学时，当时担任台湾大学中文系教授的黄得时曾向傅斯年求过笔墨，傅斯年大笔一挥，写下了"归骨于田横之岛"七个字。最后他的确永远地留在了台湾，并安睡在了这片土地上。

傅斯年接手台湾大学后，马上予以整顿，在极短的时间内，校园中便呈现出一派新气象，这一切自然与其天生的领导才能、独特的理念、不灭的勇气和不懈的努力密不可分。后人常说，当初若不是傅斯年接管了台湾大学，该校未必能在当时动荡的局势中站稳脚跟，更不要说以后的发展了。

傅斯年进入了台湾大学，同时也将自己的教育理念一并带入。他给台湾大学定了三项任务：教育、学术研究和事业建设。

他觉得，教育和学术研究是一流大学的两只翅膀，无论少了哪一边，这所大学都无法飞翔，都算不上一所一流的大学。为了强调他的理念，上任不久后他便在《台湾大学校刊》上发表了一篇报告，指出一个第一流的大学不但要重视教育，也要重视学术研究，做出一定的学术贡献，这两者缺一不可。

大学不是私塾，不是一个单纯让学生们学会书本知识的场所，老师们只教书是远远不够的，一定要在教书的同时提高自己的学术标准，加强学术研究，提高学校的教育建设，这样一来，学校才能发展得越来越好，学生也会受益良多。以此理念为基，他希望老师们努力提高自身学术水平，让学生一进入校园就能接受到第一流的教育。

傅斯年想，大学不是一个培养工具，不是一个衙门，而是一个"教授集团"，只有所有的教员、工友和学生都好了，大学才有起色。

至于事业建设，傅斯年提出，要充分运用大学的力量，对学生进行正确的思想教育。一个社会能否健全，主要取决于这个社会中的人是否有良好的品行，若一个社会中全都是品行恶劣之人，何谈健康有序的发展？

"敦品、励学、爱国、爱人"是台湾大学的校训，这也是傅斯年提出的。"敦品"，即人的品行要敦厚；"励学"，即学习时要勤奋；"爱国"，即要热爱国家；"爱人"，即要关爱他人。

傅斯年觉得，"立信"不仅是做人、做学问的基点，也是组织社会、组织国家的根本。只有人们不再说瞎话，社会才能走上正轨，科学发明和学术研究才能得到发展。他希望所有的学生都能明白这一点，做到诚实，有信誉，以诚信待人，以诚信为人。

蔡元培在就职北京大学校长后曾提出："大学学生，当以研究学术为天职，不当以大学为升官发财之阶梯。"傅斯年对此深表赞同。他在担任台湾大学校长期间，也秉承了蔡元培当时的办学原则，并将当年的北京大学作为台湾大学的理想范本。

傅斯年想，能在这样一个苦难的时候办起这样一所大学不是易事，能进入大学的学生应该感到幸运，应该心存感激，珍惜这难得的机会。在所有"求学"的人中，傅斯年最看不惯的是那些只为得到文凭而求学的人。他认为这些人根本不是"求学"，而是"求利"，求一种能依靠得到文凭而获得的利益。

傅斯年本人是一个视学历为废纸的人，留学多年都没有取得任何学位，没有拿到任何文凭，可他已将所学深深存在了脑子里。他希望学生们也要有这样的觉悟，把学历和文凭看得淡一些，它们不能代表任何东西，只有学到了真正的知识，才不枉大学之行。

当时，不少有钱人家的少爷小姐们进入台湾大学，自然不是为了做学问，为的是日后出国，台湾大学只是他们的跳板罢了。这些人其实如同尸位素餐者，浪费了教育资源。傅斯年再三忖度，提出学校不收"娇养成性，习尚浮华者"，那些有钱人家的少爷小姐想要入学，必须先改掉他们身上奢侈的坏毛病，否则定不能如愿。至于那些已经入校的纨绔者，"以后如见有习尚浮华，衣食奢侈者，必予以纠正，或开除学籍"。

爱人之心，衍生爱国之心。傅斯年以此为责，也希望学生们都是如此。

关于"爱国"，傅斯年觉得，这应是人的一种本能。他说，中国是世界上唯一的一脉相承的文明古国，只有认同国家的民族文化和历史，才能不辜负"我们这个文明先觉者的地位"。而关于"爱人"，他说，最首要的任务就是克服自私心和利害心，"无恻隐之心非人也"，只有学会"爱人"，才能成为一个有价值的人。

在傅斯年看来，大学想要有大学的样子，必须考虑到两方面，一方面是精神，一方面是学术空气，对大学精神要发扬，对学术的空气要促进。

为此，他还计划写一本书，专门对大学的精神、学术进行阐述，可遗憾的是，这个计划并未实现，因为他一生忙碌，直到生命终结的那一刻，他都没有好好地休息过一次。世人只能通过阅读他的一些演讲稿、写给友人的书信、发表在报刊上的一些文章等，来理解他想要表达的观点。

有人将傅斯年视为对台湾大学最重要的人，并称："台大校史上，孟真（傅斯年字）先生虽非创校校长，但在常规及制度之设立上，恐无人能出其右。"

如今，台湾大学的校园里仍坐落着傅斯年的墓碑。

2. 整顿台大，清贫浮生

枝头翠绿，屋顶金黄。傅斯年在美丽的台湾大学校园里生活工作下来，每天，岛周围吹来的海风卷起樟树的香味，让空气变得格外沁人心脾。

接管了台湾大学之后，傅斯年便将全部心思都用在如何将学校办得更好，如何增加学校实力和学术氛围上。他时刻以北京大学为目标，想将台湾大学办成位于台湾的北京大学，他也曾想过将曾经的好友都请到台湾大学来教书，可响应者寥寥无几。他最终只成功聘请到毛子水、屈万里、台静农、冯承等人。

在教授的招聘上碰了钉子，傅斯年丝毫没有降低对来台湾大学任教的教授的要求。他抱着宁缺毋滥的原则，对想进校的教授严格筛选，只选对的，不选"贵"的。所谓"贵"，自然是那些身份地位比较特殊，或是由教育部长推荐介绍而来的人，换作别人，可能早就将这些"空降兵"毕恭毕敬地请进校园，傅斯年却不如此，他公开宣布，台湾大学只欢迎那些有真才实学的人，不请没有本事的人，就算是高层领导介绍来的，他也照样不收。

为了留住人才，傅斯年开出的条件很优厚，这使进入台湾大学教书成为许多人梦寐以求的事。

一些权贵仗着自己有钱有势，屡屡想把家眷安排到台湾大学教书，可傅斯年一概不同意。

新官上任三把火。傅斯年上任后，第一把火就烧得原有的一些教员人心惶惶。

对于台湾大学原有的教员，傅斯年进行了严格的筛选和审核，在筛选过程中，他发现这些人当中不乏真才实学者，却也不乏滥竽充数、浑水摸鱼之徒。一些教员拿着高额的薪水，做着令人不齿之事，导致校园里打架和偷盗事件时有发生。之前的校长们都碍于这些教员背后强大的势力，对他们的做法怒在心中却不敢言。

此时的台湾大学，犹似一块良莠不齐的田地，饱满的麦穗和杂草混杂丛生。此景此情，让傅斯年很气愤，他很快采取了行动。

傅斯年想，自己虽为校长，却也没有任意开除教员的权力。如果想肃清台大，非要集众人之力不可。他将自己邀请来的那些有实力的教授们组成了一个类似"听审团"的队伍，然后带着"听审团"挨个旁听教授们的课。

仅仅一学期的时间，傅斯年便开除了70多位"混子"教授，而将一大批虽不合格做教授、但还有些学问的人降为讲师。他如此大刀阔斧地进行校园改革，令当时许多恶势力极为不满。为了报复傅斯年，他们采用了各种方法，比如找人去校园闹事，在校园里撒泼，写匿名信诬陷傅斯年，甚至威胁他，如果他再不收敛，就会有血光之灾。

傅斯年会怕吗？经历过太多动荡的他，怎么可能被他们吓倒。他稳稳地站在台湾大学的校园中，坚持着他的校园改革，任由那些恶势力的攻击、批判、恐吓。不出两年时间，台湾大学的校园变得洁净了，傅斯年终于成功去除了校园内所有污浊的东西。

在整顿校园的过程中，傅斯年又发现另一个问题，一些老教授年事已高，他们虽已不便授课，但确实为台湾大学做出过诸多贡献，若是让他们在这时候离开学校，他们在社会上难以找到其他工作，更难以养家糊口。思量再三，傅斯年给这些老教授们安排了工作强度较轻的如图书馆的管理员工作等。老教授们对傅斯年的这一安排感激不尽。

开除了插科打诨的教员，那些留下来的教员也并不能高枕无忧，为提高教员的水平，傅斯年紧接着出台了 6 条晋升标准。教员若想晋升，必须符合 6 条标准才行，任何一条不达标，都晋升无望。

傅斯年的 6 条标准让教员们都紧张起来，他们更加积极努力地进行研究，提升自身教学能力和学术水平，绝不得过且过，糊弄日子。

对待学生，傅斯年同样严格。在他这里没有任何后门可走，所有学生都要按照规定参加统一考试。傅斯年才不管他们是不是有强大的后台，是不是有显赫的家世，即使祖上是皇亲国戚，也要凭自己的真本事留在学校。他还在校长室门前的树上贴上了"为子女入学说者，请免尊口"的布告。至于品行不端、目的不纯的学生，傅斯年是坚决不让他们入校的，他想，人人公平，机会均等，一旦某个学生享受特权，另一个真正的他日栋梁之材，便有可能毁了前程，这样的情况绝不能发生。

故此，在招收学生时，傅斯年坚持采取考试入学制度。至于考试题目，则是他和教务长在众人出的大量题库中挑选出来的，其他人根本无从得知。试卷从出题到印刷都极尽保密，出题地点选在图书馆的一间屋子里，出题人一旦进入这间屋子，必须待到考试结束才能出去。试卷要在考试前几小时开始印刷，为了避免试题泄露，傅斯年甚至请了警察在周围看守。

在教学上，傅斯年一丝不苟，而在个人生活上，他则满不在乎。傅斯年一生都过得清苦，物质生活于他而言意义不大，他一直是个对精神要求极高之人。在他家中，最值钱的东西是书，至于生活用品及衣物，实在再简单普通不过。有些教职员工和学生们回忆，傅斯年从未穿过太好的衣服，旁人一提到他，脑海里浮现出的最经典的造型是：呢毡帽、长袍和烟斗。

傅斯年虽然身为校长，却从未在经济上获得一点私利，他从不占学校的便宜，身兼数职却只领一份薪水。他极爱抽烟，却只抽最便宜的烟丝，这些烟丝还是他买来劣质的香烟后，自己动手将里面的烟丝拆出来放进烟斗里的。

对于自己的生日，傅斯年也从未操办，反而时常忘记，有时还是在家人的提醒下才会想起。他也从未给妻儿办过生日会，只有母亲的生日到来时，他才会非常重视并恭恭敬敬地下跪磕头，为母亲祝寿。

在台湾的那些年，傅斯年保持着一贯的清贫，也保持着对学术和教育的一贯严肃，他用自己的心血将台湾大学浇灌成了一所名牌大学，培养出了无数人才。

3. 教育独立，不结党派

进入台湾大学后，傅斯年一直倡导教育独立，认为大学的主要任务在于教育和学术研究，而两者没有党派之分，不应受到来自政治或党派的干扰。

傅斯年将自由传统引入台湾大学，并让这种传统得以发展和延续，台湾大学的学生在学术上是完全自由的，不受政府干涉。

当时，台湾当局希望能对学生的思想予以钳制，让学生们接受党化教育和三民主义教育，从而增加国民党的储备人才。傅斯年对当局的这种提议置之不理，他始终认为，只有自由的学风才有利于学生的发展，依靠某种手段去强迫学生们遵循某种思想，拥护某个党派，于学生的成长毫无益处。

大学的独立与尊严，是傅斯年进入台湾大学以来一直坚守的底线，只要他还在，这一底线便不容许任何人触碰，更不许跨越。在这方面，他也是受到了蔡元培的影响。

蔡元培当时提倡"兼容并包，思想自由"，同时接纳守旧派的教授和新潮派的教授，允许学生自行选择喜欢的教授的学科。傅斯年在北京大学的那些年深受其益，因此当他担任台湾大学校长后，自然要将这样的学风移至其中。

傅斯年不强迫学生学习三民主义，也不要求学校的老师必须信仰某一党派，故而，他任职台湾大学期间，学校的老师们各有主张，一派百花齐放之态。

当时，有一名为萨孟武的政治系教授对国民党的法统大加批评，他还将自己的思想理念带到了课堂上，大讲民主法治的好处和重要性。国民政府得知萨孟武的作为，虽深感头疼，却也无可奈何，因为他们谁也无法动摇傅斯年的决定，自然也就无法制止一名教授在台湾大学内部的言行。

傅斯年提倡言论自由、学术独立，却也不是一味地纵容所有行为。他所提倡的言论的宗旨，是希望学生和老师可自由发表个人对社会和学术的看法，但在发表时，一定要光明正大，署有真实姓名，不能匿名，亦不能言辞不妥。

1949 年 5 月，台湾大学校园中曾出现过一些匿名的传单，上面写满了对当时的训导主任的抨击，言辞激烈，且用尽了丑陋的字眼。傅斯年得知此事后，立刻发出布告，严厉谴责发放和撰写匿名传单的人。

傅斯年在针对匿名传单发出的布告中强调，匿名是一种不负责任的行为，何况传单上使用了许多不堪的词语，对学校的教职人员进行了强烈的人身攻击，这种行为无论对大学教员还是学生而言，都是一件有失品德的事。大学中不允许出现这样丑陋的事，若是有问题，可以当面指出，将问题说个明白，无论传单上的指责和罪名是否属实，匿名传单都不是妥当之举，是有损学校风气之举。

傅斯年拒绝行政方面对台湾大学进行干预，一心想将台大建立成为一个纯粹在学术上出类拔萃的教育场所和研究场所。面对国民政府的种种行为，他不得不提高警惕，同时也要对学生们的活动进行一定程度的控制。

他曾在台湾戒严后禁止学生举行非学术性、游艺性和交际性的集会，禁止张贴未经团体盖章的海报，他这样做并非是想限制学生们的自由，而是担心他们因一些过于自由的言行遭到国民政府的镇压和逮捕。

傅斯年的担心并不多余，即使他尽力避免学生们与政治沾边，还是不时会有军警闯入校园，声称某位教员或学生"政治思想不纯正"，需要将其及其身边的人一并带回警局，严加审问。

傅斯年怎能眼见教员和学生吃亏？他直接找到当局，说台湾大学里出现的任何问题都是他一人的责任，任何人发生问题都可由他一人承担。傅斯年态度强硬，不容辩驳，政府没了办法，只得停止逮捕行动。

逮捕停止了，诬陷却在继续。有些人在报纸上发表公开信，谴责台湾大学中有严重的"政治问题"，并声称傅斯年对那些有问题的教授予以包庇，间接培养了不少特工，让台湾大学校园中的风气越来越不纯正。

傅斯年愤慨极了，对这些莫须有的罪名发言回击，称"学校不兼警察任务"、"但是我不兼办警察，更不兼办特工"。他还说，不会将学校变成政府"招贤纳士"的地方。学校是育人之地，对学生进行道德的教育，学术的教育都理所当然，他将教会学生们做人视为重要的任务，但仅此而已。如果专门为了培养服务于某一政府的人才而改变大学性质，改变自己的初衷，便对不起学校，也对不起国家。至于聘请的教员，只要其专业符合各院系的需要，在此专业领域有真材实料，且人品没问题，他必定聘请，无谓其他。

傅斯年在《两件有关台湾大学的事》中称："一个大学，兼办'招贤纳士'，必致弄得不成样子，所以这半年以来，我对于请教授，大有来者拒之，不来者寤寐求之之势，这是我为忠于职守应尽的责任……"

傅斯年的思想对当时及后世学术界皆有非凡影响。后人认为，他任职台湾大学期间的成就中，最大的功绩就是保持了台湾大学的学术独立和尊严。当时若没有傅斯年，台湾大学或许会完全被政府控制，成为一所"政校"或"党校"，其原本的学术教育也就不得发扬，自然也就难以培育出那么多优秀的专业人才。

傅斯年用尽心血，将一批又一批试图染指台湾大学的官僚政客拒之门外，保持了台湾大学纯朴的校风，这是具有时代意义的贡献。

4. 一心爱生，平易近人

在台湾大学那段岁月，严厉的傅斯年在学生眼中不仅是事事出头的校长，更如父母一般慈爱。将心比心，傅斯年甘心付出，自得回报，只因其凡事以学生为主，处处为学生考虑，如此，学生又怎会不尊敬他，不爱戴他，不崇拜他呢？

傅斯年在《几个教育的理想》中提出三条原则，第一条针对学生的生活问题，其余两条分别针对学生的学习和课余生活。他用一句笑话总结这三条原则，即"有房子住，有书念，有好玩的东西玩"。其中，傅斯年将"有房子住"作为最首要的一条，他充分意识到，生活的安稳是学生们学习的关键。

在傅斯年担任台湾大学校长之前，学校里是没有学生宿舍的，家近的学生可以通勤，路远的学生只得在校外租房子。无论当时今世，租房无疑是一大笔额外开销，这对那些没有经济收入的学生们而言，无疑令其生活雪上加霜。一些学生本就生活拮据，连日常生活都勉强维持，哪还有钱去租房？他们大多数只得夜晚寄宿在学校的一些空教室和研究室内，这些地方常常人满为患，不少学生无处可住，只能寄身于学校的洗澡间和校医院的传染病房。

看到学生们过着如此艰难的生活，傅斯年深感心痛。他是一个富有人情味的人，加之对学生关爱有加，自然不能熟视无睹，他觉得这样的情况继续下去，必然会影响到学生们的学习，学校也难以继续办下去。几番思考，他决定为学生们建造宿舍。

这是大工程，耗时费力，需充足资金。

傅斯年只恨自己也是贫穷之人，否则，他满可自掏腰包。眼见自己的生活亦捉襟见肘，他只得无奈地叹了口气。为学生建造宿舍，说起来容易，做起来太难。无奈之下，傅斯年四处奔走，筹集资金。

傅斯年的影响力极大，他没有钱，却可以号召更多社会有识之士慷慨解囊，提供资金。几经波折，他的号召之举见了成效。很快，台湾大学第一批宿舍建成了，大约有 1800 多名学生有了住处，不必再私下寻觅去处。

当时，台湾大学有不少学生并不是当地人，多因种种事情流亡至此。一些学生与家人失散，失去了生活来源；一些学生虽与家人在一起，可由于家庭本就贫困，生活上也是蜗步难移。此外，台湾当地也有不少家庭状况不佳的学生，他们一心求学，只可惜家境不允，多次差一点离开学校。

傅斯年看在眼里，忧在心里。所有热爱学习的学生他都喜欢，他自然不愿意让这些积极上进的学生因经济原因辍于学业。为此，忙完校舍后他又多方走动，说服当时一些有名有地位之人，设立了多项奖学金，还为一些困难学生提供了"半工半读"的机会。

傅斯年虽然在严肃、原则的事情上容易较真，脾气也很暴躁，但在日常生活中，他却一直平易近人，待人和善。在台湾大学，他经常和教授们开玩笑，做鬼脸。学生们可以和他讨论严肃的问题，也可以和他不拘于细，大开玩笑更是家常便饭，甚至可以敲他的"竹杠"，宰他几回，他也从不生气。

一次，傅斯年在学校的生物实验室里遇到几位学生围在一起，便走过去看他们在干什么。走到跟前时，他发现这些学生们正在观察草履虫，他告诉学生们，他在伦敦的时候也曾见过这种生物。学生们平日与他熟络惯了，其中一人便开玩笑地说傅斯年在"吹牛"，这样难得一见的东西，怎么可能多年前就见过？

说傅斯年"吹牛"，这岂是学生应对老师说的话？可傅斯年听了也不恼，转而大笑离开，不破坏任何气氛。

傅斯年对学生严格却不失关心，和在北京大学时一样，特别是那些家境贫困却用心读书、天资聪慧又极为上进、学习成绩特别优异的学生。他在学校里设立了高额的奖学金，鼓励学生们努力钻研学术；他为贫困生们提供生活和学习上的资助，让他们不至于因贫困而失学，如此点滴关怀，让学生们没齿不忘。

曾有一次，傅斯年在阅卷时读到一个学生的文章，顿时被其才华所吸引，他又重新将这篇文章读了一遍，心里暗喜，认定该学生必然是可造之才，就决定找这个学生当面细聊。

在面对面聊天时，傅斯年更确定自己的判断，但同时细心的他也发现了一个问题，这个学生在看东西时显得有些吃力，似乎要很努力才能看清远一点的东西。

谈话结束时，傅斯年已大概了解了这个学生的情况。原来他双眼近视，但家境不好，于他而言，眼镜的价格又过于高昂，家庭实在无力承担，只有作罢。

傅斯年自己就有眼疾，深知看不清东西的痛苦，认为这样下去，那个学生的生活、学习都会受到不小的影响。他请来校医给这个学生测视力，并记下了他眼睛的度数，然后亲自去香港为这个学生配了一副眼镜。

凡事往往以小见大。这个学生收到卫生署送来的眼镜时非常惊讶，他没想到傅斯年身为一校之长，每天有那么多繁忙的工作，却还有心顾及他一个普通学生的困难，内心瞬间涌上无尽的感激之情。可惜，他却没有机会向傅斯年表示感谢，就在他收到眼镜的时候，傅斯年已因病逝世了。

傅斯年对自己的身体健康从不在意，而对学生的健康却格外上心。有一段时间，肺结核病在台湾肆意蔓延，又非常难治，为了能及时发现学生中的患病者，傅斯年将全校学生召集在一起，让他们逐一接受 X 光检查。一旦检查出有被感染的学生，傅斯年会立刻将他们送到单独的宿舍，并请工友对他们进行特殊照顾。如果学生病情严重，傅斯年会允许他们休学，回家静养，并定期给这些学生送去补品，以增加营养。

傅斯年对学生的爱已非单纯的师生之情可表，他们宛若他自己的亲生骨肉，是不允许受到任何伤害的。

傅斯年对学生的保护让人钦佩，甚至让人心疼。

1949 年，台湾大学的一名学生骑车带人途中被警察拦下，警察称他们违反了交通规则，两名学生不服，与警察发生了口角，最后警察出手将学生打伤，激起了大批学生的愤怒。学生们包围了警察局，要求警察为打人一事道歉并赔偿。当时政府认为，这种行为破坏了社会秩序，应该被禁止，当即下令将闹事学生抓进警局。

警备司令部给傅斯年发了一纸公文，说台湾大学的一些学生擅自张贴标语，蛊惑人心，妨害治安，希望校方给予配合，让他们进校抓人。傅斯年看了公文后，自然是不同意的，他要求警方拿出学生闹事的证据，并声称如果警方要抓人，先将他抓走。

警方态度强硬，却也没有人敢动傅斯年，最终，此次事件便无疾而终。傅斯年保护了学生，为他们出头平事，让令其在学生心中的地位又高了一大截。

有人把傅斯年比做一只爱护雏鸟的老鸟，倒是十分贴切的。自开始教育生涯，傅斯年一心为学生，不惜自己的精力和心血。

5. 生命有尽，"学"无尾声

有一首诗中的两句话一直在被约定俗成地用着："春蚕到死丝方尽，蜡炬成灰泪始干。"此两句本意是为表达男女爱情之至死不渝，后人常去形容师者授业，永耕不辍，倒也合情合理。

作为一名学者，傅斯年无疑是称职的；作为一名教员，他也尽责尽职。这两句安于其身，恰当至极。

在台湾大学的日子里，他的每一天都安排得满满当当，从早到晚，除了吃饭、睡觉便是工作，有时连满足身体基本要求都顾不上了，可工作却从未耽搁。身边的人总劝他多休息，他却舍不得时间。他说，台湾大学里那么多教职员工和学生都需要他，既然他身在校长的职位，就要做校长应该做的事情，一刻都不可以偷懒。

傅斯年是台湾大学出了名的工作狂，全体师生都知道，校舍中最后一盏熄灭的灯，一定是校长办公室里的灯。傅斯年不回家，学校的看门师傅便不能休息，他的秘书那廉君和司机也不得不一直等着他。后来傅斯年意识到了这一点，他改变了工作方式，按时下班，然后将工作都带回家，以免耽搁他人。

作为傅斯年的秘书，那廉君也很辛苦。看门师傅能早些休息了，司机也可以正常下班了，可他仍不得闲。为了方便工作，傅斯年在自家的小楼里给他安排了一间客房，他每天住在那里即可。虽然辛苦，可想到自己多辛苦一些，傅斯年就能多休息一会儿，那廉君的心里也就踏实了许多。

自重庆那一次被查出有高血压病，家人就非常担心傅斯年的身体，时常劝他不要那么拼命，多休息一下，可傅斯年对家人的劝告一点也不往心里去。长时间处于高度紧张的工作中，缺少休息，傅斯年的高血压病不禁更严重了。

一天，他左眼的血管发生了破裂，致使其无法正常看书写字。起初，他还想尝试只用右眼，后来发现这样太过困难，无奈之下，只得找那廉君帮他阅读文件，代笔抄写。

那段日子里，傅斯年对那廉君格外依赖，他的许多报告都是由他和那廉君共同完成的。通常，傅斯年想要写什么了，就会把那廉君叫到身边，让其帮忙记录，而后再念给他听，看是否有需要修改的地方。反复几遍后，直到他说可以了，那廉君才将成稿拿出去发表。

傅斯年曾笑称自己是火上的肉，朱家骅把他放到了火上，他就只能任凭火焰烤着，早晚有一天，他的生命会结束在台湾大学。虽是笑谈，朱家骅听后心里不是滋味，毕竟是他将傅斯年请到台湾大学，赋予他校长职务，如今看到傅斯年因此伤了身体，失了健康，他怎能不内疚，不心痛？朱家骅于心不忍，劝傅斯年慢慢来，把一些太麻烦的事情交给别人，无须事必躬亲。

傅斯年明白老友的心意，可他把建设台湾大学当成他的任务，像他这样有着强烈责任感的人怎可能轻易放弃，将自己计划好的事交给别人做呢？他仍拖着病弱的身躯，坚持奋斗在教育事业上。

由于健康原因，医生交代傅斯年要格外注意饮食，不能食用有盐有油的食物，这实在太折磨人。傅斯年没办法，只得每天用清淡无味的青菜就着米饭吃。家人为了让傅斯年少受折磨，饭桌上总也不见油星，更不见肉，可这并不能让傅斯年打消对肉食的渴望。有时，他实在忍不住，便会在上班途中偷偷买个包子解馋，还要一边吃，一边嘱咐那廉君不要让家人知道。那廉君见傅斯年如此模样，心里一阵酸楚。

1950年，傅斯年54岁，这一年，他被检查出胆结石。在医生的强烈建议下，傅斯年住进了医院，接受了取出胆结石的手术。手术进行得很顺利，只需休息几天便可以恢复，但傅斯年却不肯等，身体刚能动弹，他便立刻一头扎进工作。

在台湾的日子是忙碌的，傅斯年也只能忙里偷闲地怀念一下家乡，虽然母亲已经不在人世，可海峡那边毕竟还有他的亲人，还有他自小生活的地方。傅斯年知道，许多与他一同来到台湾的人都有与他相同的情节。

1950年的中秋节，傅斯年在院子里摆了两张地桌，将与他同来的几位教授请到家里，一起吃月饼，把酒赏月。那一夜，许是想起了大陆那边的亲人和家眷，教授们都很沉默。

傅斯年提议，每人吟诵一首诗，以抒发各自的心情，他自己则选择了《九月九日忆山东兄弟》。烟斗里没有青烟冒出，只有灰烬，他一边握着已经冷掉的烟斗，一边用乡音背诵着这首诗。他的思绪，已随着这夜的风飘回了大陆，飘回了家乡。

1950年12月20日上午，傅斯年前去参加关于农业教育和保送台湾大学学生出国深造的会议。在会议上，他兴奋地向大家讲述如何培育人才。可没想到，仅仅一顿饭之后，他的心情便不好了，这一切只因下午那场有关教育的会议中，有人将早已得到解决的关于教学器材失窃的事再次摆上台面，并提出应该让台湾大学扩大招生范围。这两个话题都让傅斯年火冒三丈。

为了维护台湾大学，傅斯年站上讲台，与提出这两个话题的人展开了辩论。谁知，就在辩论结束后，傅斯年的面色突然惨白，一头晕倒在台下。周围人见状无不惊诧，急忙将他送到医院抢救。

到达医院后，医生发现傅斯年的血压高得惊人，决定为他抽血降压，可300毫升的血抽出后，傅斯年的血压虽有所下降，却还是高出正常范围许多。

就在医生对傅斯年实施抢救之际，医院的走廊里站满了人，所有人都屏住了呼吸，等待医生从抢救室里走出，告诉他们傅斯年脱离了危险的消息。几个小时过去了，期间傅斯年的血压和体温曾有过一次下降，可转眼又立刻升到极高。医生对傅斯年的生命体征进行了检查，遗憾地摇了摇头，这一摇头，让在场的所有人都如遭霹雳一般，心，一下子沉了……

傅斯年离开了这个世界。

一天前，他还激情满满，如今，却只剩下冰冷的躯壳。忙碌了一生的傅斯年，此时终于能安静地休息了，只是他这一休息，就再也不会醒过来。他的妻子看着他躺在那里一动也不动，想起前一天晚上他曾指着书架上的书说，要将这些书和史语所的书留给儿子，还要请人刻一枚"孟真遗子之书"的印章送给儿子。她还记得他对她说，这一辈子都没让她和儿子过上好日子，连死后都留不下什么，他于心有愧。三言两语，已如刀子割心。

台湾大学的学生们听说傅斯年去世的消息后，心中也是万分悲痛。想起校长生前为他们所做的一切，泪花浸满所有人的眼眶。

傅斯年出殡的那一天，全校学生都来了，他们手中举着写有挽联的花圈，打着灵幡，跟随在灵车后面。

同年12月31日，台湾大学法学院礼堂里举办了傅斯年的追悼会。出席追悼会的有傅斯年的同事、朋友和台湾各界的知名人士。所有人都为学术界失去这样一位伟大的学者而感到可惜，也都为台湾大学失去了这样一位好校长而感到心痛。

　　傅斯年走了，台湾大学校园中却充满了对他的追思。

　　校园内先后出现了以他命名的"傅园"和"傅钟"，学生们还自发将 12 月 31 日定为他的纪念日，每逢这一天，学生们都会在傅园摆上鲜花和瓜果，以表对傅斯年的思念之情。傅斯年离开了这个世界，可他的学术成就，他的精神，都永远留在了世上。

　　作为一名学者，傅斯年发展了史语所，推广了考古研究；作为一名教育家，傅斯年一生没有离开教育界，先后为北京大学和台湾大学的建设做出了贡献。他的一生充满了奉献精神，充满了对生活的热爱，对理想的追求，对真理的坚持，他的这些优秀品质，深深影响了一代又一代人。